不生气，你就赢了

华阳/编著

U0781650

台海出版社

图书在版编目（CIP）数据

不生气，你就赢了／华阳编著. —北京：台海出版社，
2015.12（2019.12 重印）

ISBN 978-7-5168-0818-4

Ⅰ.①不… Ⅱ.①华… Ⅲ.①情绪—自我控制—通俗读物
Ⅳ.①B842.6-49

中国版本图书馆 CIP 数据核字（2016）第 001830 号

不生气，你就赢了

编　　著：华　阳

责任编辑：刘　峰　　　　　　封面设计：一个人·设计
责任印制：蔡　旭

出版发行：台海出版社
地　　址：北京市东城区景山东街 20 号，邮政编码：100009
电　　话：010-64041652（发行，邮购）
传　　真：010-84045799（总编室）
网　　址：www. taimeng. org. cn/thcbs/default. htm
E-mail：thcbs@126. com

经　　销：全国各地新华书店
印　　刷：天津旭非印刷有限公司
本书如有破损、缺页、装订错误，请与本社联系调换

开　　本：710×1000　1/16
字　　数：172 千字　　　　　　印　　张：14
版　　次：2016 年 3 月第 1 版　　印　　次：2019 年 12 月第 15 次印刷
书　　号：ISBN 978-7-5168-0818-4

定　　价：32.80 元

前言

很多人都感叹人生的烦恼太多了，碰到大烦恼的时候，就会出奇地愤怒，有时候顶不住，就想放弃。但是每个人都不是一个单独的存在，身边会有家庭、工作，会牵扯到亲情、友情，是不能轻言放弃的。也有一部分人，智慧地看待让自己生气的事情，静心凝气，不仅解决了面对的问题，而且收获了人生的成功之花，上演了逆转的精彩戏码。

有一位禅师很喜欢养兰花。有一次他外出云游，就把兰花交代给徒弟照料。徒弟知道这花是师父的心爱物，于是也小心照顾，兰花一直生长得很好。可是就在禅师回来的前一天，他不小心把兰花摔到地上，花枝折了不少。

徒弟非常担心，他自己受罚倒不要紧，他害怕师父会生气伤心。没想到禅师回来以后看到受伤的兰花，并没有生气，也没有惩罚徒弟。他告诉徒弟："我当初种兰花，不是为了今天来生气的。"

弥勒菩萨最有智慧，总是开怀大笑，因为他大肚能容。佛家中的弥勒菩萨其实是在警醒我们要放下烦恼，放下怨恨，放下种种毫无根据的愤怒。禅师具有这样的大智慧，能够放下欲望和执念，不为心爱的兰花被摔碎而生气，生活中的我们也应该这样，当我们把烦恼踩在脚下的时候，就会发现快乐已经在我们心中生长，美丽就在我们身边。

仔细品味一下我们的现实生活，我们会惊讶地发现生活中原来存在着很多让我们快乐的事情，存在着很多让我们幸福的理由，但是我们却因为一些琐碎的事情和错误的看法以及太富有幻想的挑剔，而不能愉快地享受生活中的每一天，甚至故意抛弃了享受幸福和快乐的权利。

当我们环顾周围的时候，总是能够发现一些人对事物漠不关心，他们整日不见笑脸，郁郁寡欢，因为一件琐事而暴跳如雷，就像预感到世界末日将要到来一样，他们回应每一件事情时总是习惯说"不想""无所谓""不感兴趣"。还有一些人在不停地抱怨着这个世界没有立足之地，亲友、爱人都不能理解自己，感到烦恼之类的话。

当我们在生活中遇到各种生气的事情，假如我们摆脱不了怒气，那么它就像影子一样随时地伴随在我们的左右，生活也就多了一个沉重的包袱，压在肩头让我们喘不过气来。所以，要学会放下烦恼，消除怒气，这样我们才会在一觉醒来的时候感觉到幸福。

目录

第一章
你不生气，人生的主宰就是你自己

　　我们来到这个世界上，都会去追求自己的梦想。在追求梦想的道路上，我们都是自己的主人。虽然难免有些不尽如人意的事干扰我们的情绪，但这些仅仅是我们成长过程中的一点儿小考验。我们只要不生气，冷静地应对一切，处理好手中的事，就能牢牢把握自己人生中的主导权。

你要明白，生气往往是自找烦恼

生气往往都是自找的，在生活和工作中，也许你会因为自己做得不够好而生闷气，也许你会因为别人的讥讽而变得浮躁易怒，但是这些烦恼都在毒害你的内心，真正受到伤害的还是现在的你。

人生在世，有很多生气的理由完全是自找的，正所谓"世上本无事，庸人自扰之。"在生活和工作中，很多人总是习惯将注意力集中于一些负面的事情上，总是斤斤计较自己的得失，看不开，放不下，在自己的周围织就了厚厚的一层"茧"。这样一来，人生只会徒增烦恼，处处碰壁，让心陷入愤怒和黑暗之中。

生气往往都是自找的，在生活和工作中，也许你会因为自己做得不够好而生闷气，也许你会因为别人的讥讽而变得浮躁易怒，但是这些烦恼都在毒害你的内心，真正受到伤害的还是现在的你。当一个人将怒气寄托给流逝的时光，最终他收到的必定是源源不断的懊悔；当一个人将怒气转嫁给别人，那么到头来身边没有一个知心朋友，只会让自己陷入无尽的黑暗。所以，你要学会将怒气从内心剔除，你只有不接受生气给予的种种"小礼物"，才会变得开心幸福起来。

有两个穷人，一边赶路一边聊天，其中一个人感叹道："这个世界真不公平啊，有些人富可敌国，可是我却这么穷，要是这个时候能够从天上掉下一大捆钱来，那该多好啊！喂，你说，要是天上真的掉下钱来，我应该怎么办呢？"另一个人听了，很自然地回答道："还能怎么办，咱们一人一半，分了啊！"

"那怎么行，"第一个人说，"钱这东西，谁捡到就是谁的，凭什么我要分你一半呢？"

"你这话真搞笑，咱们两个今天一起出门赶路，捡到了钱，难道你还想独吞不成？你真自私，守财奴！"另外一个人用手指着对方的鼻子，越说越激动。

"你说什么？自私？守财奴？你再说一遍试试！"第一个人脸色也变了，语气开始强硬起来。"哎呀，我好害怕啊！说就说，你就是个自私鬼，守财奴！"另外一个人不甘示弱，针锋相对道。

话音未落，两个人就扭打在一起，你一拳，我一脚，彼此嘴里还不停地咒骂着对方。这个时候，一个路过的青年见状上前拉架，费了九牛二虎之力才将两个人分开。弄明白了他们打架的原因之后，青年忍不住大笑起来，说："我还以为你们当真捡到了钱呢，连一分钱都没见到，你们就打起来了，真想不到啊！"

这个时候两个人才回过神来，打了半天架，原来并没有捡到什么钱，耽误了时间、伤害了彼此的身体不说，还使得原本亲密的友谊出现了裂痕，真是自寻生气啊！

这两个人正是自寻生气者的典型表现。事实上，我们的怒气往往不是因为别人所致，而是因为我们自己将自己的心困住了。当我们想要摆脱怒气的时候，应该首先问一问自己的内心，那些所谓的"愤怒"是不是真的存在呢？很多时候，愤怒都是我们强加给自己的，是来自内心的毒素，只是我们觉察不到罢了。就像上面故事中的两个人，为了凭空想象出来的钱扭打在一起，在别人指出他们行为的可笑之时，他们才恍然大悟，原来一切的愤怒都是他们自己找来的。

虽然很多人都明白愤怒大多时候都是自找的，但是在有些时候，很多人却控制不住自己。也许你望着远处的白云渐渐变得缥缈，会忽然觉得烦闷从天而降，苦恼也在心中激起巨浪，愤怒的情绪开始蔓延于内心的各个角落。这个时候，不必惊慌，轻轻闭上眼睛，想一些快乐的事情，或者唱一首喜欢的歌，或者踏上山地车远行……解铃还需系铃人，既然愤怒是自找的，解脱之道还需自己去摸索。虽然有时候，别人的宽慰和帮助能够让你暂时放下将要爆发的情绪，但愤怒却如野草一般，除不了根，时间久了，它还会再度袭来。唯有从内心深处发掘自我解脱的方法，祛除生气的根源，才能彻底摆脱怒气的滋扰。

人和人性格不同，剔除怒气的方法也各不相同。很多时候，远离愤怒，其实关键不在于剔除的方法，而在于你的意愿是否足够强烈。当你在生活和工作中学会放弃，能够放下该放弃的东西，你的心就会变得越来越宽广，烦恼自然也就融化在内心深处。相反，假如你总是斤斤计较，和快乐过不去，那么你的内心空间就会变得越来越窄，烦恼也会越积越多。智慧的人在遭遇烦恼后，会让烦恼在心间停留几分钟，然后忘掉，他们相信自己能够开心地走下去，前面的天空属于自己。如此一来，烦恼自然也就随风而散了。

当你在追逐某个目标的过程中失败的时候，你不妨试着找一个理由来安慰自己，让结果变得更容易接受。也许有人觉得这种做法是自欺欺人，其实不然，它是一种很好的缓解情绪的方法。当愤怒出现的时候，你不妨试着进行自我抑制，平复一下情绪，在心里暗示自己，生气只是暂时的，是无根之萍，闭上眼睛深呼吸一下，它就会从我们的心间飘过。假如自抑的方法效果不是太好，你也可以向亲友诉说一下，或者找一个无人的地方大哭一场。这样，内心中的负能量就会发泄出来，正能量才会回归，愤怒自然也就一扫而光了。

生气也是一天，快乐也是一天，我们为什么不让生活中多一些笑脸呢？遇事多往好的方向思考，生气的时候自然也就变少了。当你学会用快乐来稀释怒气的时候，你的人生色彩就会变得越来越靓丽。

生气是犯傻，是拿别人的错误来惩罚你自己

生气并不是表面上看到的那么"风光"，在伤害别人的同时也会严重地伤害到自己。

在很多人的印象中，一个人对另一个人生气，那么承接怒气的一方显然是最受伤的。其实这种看法只看到了生气的表面形态，忽视了其本质：生气是一柄双刃剑，在伤人的同时也会伤己，甚至在某些时候，对自身的伤害比对别人的伤害更大。从这个意义上来说，当我们在生别人的气时，其实也是在拿别人的错误惩罚自己。

所以智慧的人都不会轻易生气，他们懂得生气的危害，了解一旦生气了，伤害了自己，人生的方向盘也就把不稳了。三国时期的司马懿是个很理智的人，从不轻易生气，当诸葛亮率领大军进攻魏国的时候，他紧关城门，不管蜀军如何挑战谩骂，就是不肯出战。诸葛亮派人给他送去了农妇的衣物，以此羞辱他，想要激怒他，而他看了之后却淡然处之，笑而不语。最终还是诸葛亮坚持不住了，壮志未酬，身殒五丈原，司马

懿笑到了最后。

可见，生气并不是表面上看到的那么"风光"，在伤害别人的同时也会严重地伤害到自己。其实这样的道理很多人都懂，但是却控制不了自己，任由怒气伤害自己，最终这种慢性毒药只会彻底毁掉自己的人生。

很久之前，有一个人和一个小伙子坐在屋子里议论别人的缺点："那个人身上什么都好，就是有两个毛病让人讨厌：一是脾气太暴躁，总是爱生气；二是做起事情来非常莽撞，不知道三思而后行。"没想到，他们议论的那个人正好从门口经过，听到这样的话，怒不可遏，马上冲进了屋子里，抓住说话的人伸手就要打。

众人连忙拉架，有人说："有话好好说，不要打人。"被议论的人怒气冲冲地说："这个人在背后说我的坏话，还冤枉我脾气坏，做什么事情都急躁、莽撞，所以应该教训一下他。"周围的人都说："人家并没有瞎说冤枉你啊，你看你现在的样子，不是都应验了吗?"

虽然背后说人闲话不对，但是那个被议论而动手打人的人则显得更加可笑，分明是不打自招，在众人面前用自己的行动承认了自己的缺点。一生气，原形毕露了，做起事情来难免缺少理智，让自己陷于莽撞中，最后落得个尴尬的结局。

所以在生活中，我们必须首先学会正视自己的坏脾气，这样才有可能在之后的人生中改变它，摒弃它。假如我们总是掩耳盗铃，不想承认，不敢承认，那么它必定犹如慢性毒药一般，摧毁我们的快乐，偷走我们的幸福。

在古老的希腊，有一个名叫爱顿的人，他每次生气和人起争执的时候，就以很快的速度跑回家去，绕着自己的房子和土地跑三圈，然后坐在田地边喘气。爱顿工作非常勤劳努力，他的房子越来越大，土地也越来越广。

　　直到有一天，爱顿老了，他的房子也很大了。他生气时依然挂着拐杖绕着土地跟房子走，等他好不容易走完三圈太阳都下山了。爱顿独自坐在田边喘气，他的孙子在身边恳求他："阿公，您已经年纪大了，不能再像从前，一生气就绕着土地跑啊，请您告诉我为什么这么做？"

　　爱顿禁不起孙子恳求，终于说出藏在心中多年的秘密。他说："年轻时我一和人吵架、生气就绕着房地跑三圈，边跑边想，我的房子这么小，土地这么小，我哪有时间去生气？于是就把所有时间用来努力工作。"

　　孙子问道："阿公，您现在已经变成富有的人了，为什么还要绕着房子跑？"爱顿笑着说："我现在还是会生气，生气时绕着房子边走边想，我的房子这么大，土地这么多，我又何必跟人计较？一想到这儿气就消了。"

　　很多人都明白生气对身心有害的道理，都知道生气是行动的毒药，但是遇到事情不生气的却没有几个。实际上，遇事生气根本解决不了任何的问题，只是让自己多添些烦恼而已。历史上有一首非常有名的《不气歌》，劝人遇事莫生气，我们没事时不妨多唱几遍：他人气我我不气，我本无心他来气。倘若生气中他计，气下病来无人替。气之为病太可惧，诚恐因气把命丢。我今尝过气中味，不气，不气，真不气。假如每个人都能按照歌中所唱，遇事看清本质，则可以避免多生闷气。

　　生气不超过三分钟，相信每个人只要控制好自己的情绪，都能够做到。假如实在做不到，那么不妨想一想电视剧《武林外传》中的郭芙蓉，每当她要生气发飙时，都会及时地念叨一下："世界如此美妙，我却如此暴躁，这样不好不好。"那滑稽的表情再加上幽默的台词，是不是让你想生气都难了？生活其实就是一面镜子，你对它微笑，它就对你微笑，你对他哭泣，它也会对着你哭个不停。烦恼与否，归根结底取决于自己。

不生气是一种智慧，要想不生气，就要时时注意心性的修养。当面对种种困难的时候，能够改变的就改变，不能改变的则要学会换一种思路，换一个思考的角度，用另一种适合的心态来面对。

愤怒是行动的毒药，你忍耐不住终将误大事

既然愤怒是行动的毒药，让我们丧失理智，那么我们如何才能让自己远离它呢？想要不愤怒，不让自己丧失理性，我们首先需要学会包容别人，遇事不急躁。

人在愤怒的时候，很容易丧失掉最基本的理智，做出一些让自己懊悔一生的决定和行为。自古以来，易怒者难成大事，输多胜少。虽然有时候，适当的愤怒能够让我们发泄掉心中的郁闷，还身心一个晴朗的"蓝天"，但是假如这种愤怒如潮水般绵绵不绝，高潮迭起，那么对我们而言，之后的人生道路将是灾难性的。

读过《三国演义》的人都知道，雄踞一方的蜀国因为关羽殉难，刘备悲愤之下失去了理智，不听从智囊的苦苦劝阻，一意孤行尽起大军攻打东吴，致使蜀军被火烧连营八百余里，大败而归，从此蜀国的基业开始走上了下坡路。由此可见，愤怒是行动的毒药，管不住我们内心的愤怒，就会做出让我们懊悔终生的决定。

既然愤怒是行动的毒药，让我们丧失理智，那么我们如何才能让自

己远离它呢？想要不愤怒，不让自己丧失理性，我们首先需要学会包容别人，遇事不急躁。如此我们才能不落入愤怒的陷阱，让自己做出懊悔的事情。

从前有一个小和尚，去山下的集市买东西，但是没多久，他就满脸不高兴地跑回来了。师父问他："出了什么事情，为何这么生气？"小和尚噘着嘴说："我去集市上，那些人都追着我看，还一个劲儿地嘲笑我，说我是个光头矮个子。我愤怒极了，从地上捡起了一个土块扔向了那些人，砸中了其中一个人的额头。我现在很懊悔，为自己的行为而生气，为什么当初我没能控制住自己，而做出那般伤害别人的行为呢？"

师父听完，并没有说什么话，而是转身拿起一个脸盆，拉着弟子的手来到山下的大湖边。师父先是用脸盆盛满了水，然后往脸盆中丢了一个小石头，脸盆中的水溅出很多。紧接着，师父又捡起一块大石头，使劲儿投入到湖中，湖水只是泛起一阵涟漪，之后就没有什么反应了。师父对弟子说："你之前曾经说过自己心胸宽广，但我看不见得，人家只说了几句你不爱听的话，你就生那么大的气，丧失了理性，做出伤害别人的事情！就如同这个丢进一块小石头的脸盆，水花四溅，不生气那是假的！"

小和尚恍然大悟，和面前的大湖比起来，自己的心胸就如同这个小小的脸盆啊，还是看不开，遇事自然急躁起来，落于俗套了。

遇事不急不躁，才能彰显理性的光芒，展现出独特的品位。急躁具有极大的危害性，而心胸宽广孕育出来的冷静却使人能够面对任何的人生境遇，展现人性之美，流露品位的魅力。

除了要学会包容别人之外，我们还需要学会隐忍。要知道生活之中我们不可能事事如意，假如我们不懂得隐忍，遇到不顺心的事情就暴跳如雷，那么必定会像个无头苍蝇一样到处乱撞，处处碰壁不说，最终还会一事无成。

1958 年，一位名叫威拉德·斯高特的年轻人在海军服役两年后，回到美国首都华盛顿，在那里他得到一个到广播公司播音的机会。对于从来不知道忧愁是什么滋味、整天无所事事的斯高特来说，这样一份工作足以让他得意忘形。但是，就在斯高特春风得意的时候，灾难也随之降临了。

斯高特所在的广播公司更换了领导，而且这位领导对他不是很满意，将他主持的节目安排在接近凌晨的时刻播出。这让斯高特怒火中烧，准备和领导"大干一场"，尽管他知道这样做的后果可能会被解雇。就在斯高特准备前去争吵的时候，他突然想起了犹太经典《塔木德》中的一句话：即使一个非常宽容的人，也往往很难容忍别人对自己的恶意诽谤和致命伤害。但唯有以德报怨，忍耐坚持下去，才能赢得一个充满温馨的世界。

想到这里，斯高特的情绪逐渐平静了。最终，他接受了这个倒霉的时间安排。但他并没有从此沉沦下去，而是把这次事件看成他人生中的一剂强心针。斯高特意识到只有更上一层楼，让自己的节目内容更加精彩，才有可能在午夜时分吸引观众的眼球。为此，他抛却原先的思路，大刀阔斧地革新，从形式到内容进行精心的包装，更加兢兢业业地工作。半年后，他所主持的节目成为华盛顿首屈一指的节目。

生活是一个不断学习的过程，也是一个不断适应的过程。在这样一个漫长而辛苦的过程中，如果我们没有一颗善于忍耐的心，那生活的轨道就会被冲动所打乱。善于忍耐是明退暗进，更是蓄势待发。许多人具有很强的爆发力，但是缺少足够的持久力，而生活是一个漫长演进的过程，相信时间能够打破相持的均衡，忍耐的极点便是柳暗花明。

生气对你无益，会让你的身体"泄气"

生气让人的身体"泄气"，而平和宁静的心态则会让人的身体保持长久的健康，甚至是"永葆青春"。所以智慧的人生应该和生气"话别"，只有保持心态上的平和舒缓，淡然面对人生事，健康和美丽才会永伴我们的生命。

《三国演义》中"诸葛亮三气周瑜"的故事可谓家喻户晓，最终周瑜悲愤仰天长叹，吐血而亡。这个故事可谓精彩，但是品味之后，也许很多人都会存在这样的疑问：人真有可能会被愤怒"气死"吗？

在我们的生活中，喜怒哀乐体现着人的本性，是人之常情。但我们的祖先早就有了结论——病从气上得。可见生气很容易伤害到身体，有研究表明，如果一个人在精神上遭受重大打击而频繁生气发怒，那么这个人的生命大约会损失一年；假如生气的时间持续半年以上，那么寿命将会缩短2~3年。《岳飞传》中有一个故事颇能说明这个道理：牛皋和金兀在打斗中一块儿跌落马下，最终金兀被牛皋骑在胯下，金兀觉得自己受了奇耻大辱，竟然气绝身亡。可见生气绝对不是什么好事情，最终只能伤害到自己。

进入到现代社会，医学家通过诸多科学研究发现，愤怒致死绝对不是传说中的故事，而是真实存在的现象。一个人生气越多，这个人的身体就会越"泄气"，假如在某段时间内极度愤怒，犯心脏病和脑卒中的风险就会大大增加，室性心律失常的风险也明显升高，而这些都是引起猝死的罪魁祸首。可见一个总是爱生气的人，不仅会在生活和事业上受到伤害，而且还会在身体上受到伤害，陷入一种"温水煮青蛙"的状态中，身体在不知不觉中被拖垮，断送宝贵的健康。

台湾作家李敖曾经讲到他的老师殷海光。有一次，殷海光正在家里吃饭，忽然想到某个政敌的种种行径，不由得怒火万丈，气得胃痛如刀割，连饭都吃不下。殷海光是自由斗士，见到不平事，就气不打一处来，后来不幸得胃癌去世了。诱发胃癌的原因很多，频繁生气是最重要的原因之一。遗憾的是，殷海光只活到49岁，而使他天天生气的政敌，却活到了89岁。殷海光没有打倒敌人，却先把自己打倒了，他输了，输在生气上。

李敖从中得到的教训是："无论在生活中遇到任何事情，我都不生气，我跟你逗着玩，我赢你，活过你。现在我成功了，我赢了！"只有看得通透，才能活得洒脱。虽有些调侃的意味，但是他悟出的道理却与佛法相通——不生气你才活得久，活得久你才能最终战胜对方。

也就是说，生气让人的身体"泄气"，而平和宁静的心态则会让人的身体保持长久的健康，甚至是"永葆青春"。所以智慧的人生应该和生气"话别"，只有保持心态上的平和舒缓，淡然面对人生事，健康和美丽才会永伴我们的生命。

有个80多岁的老奶奶，人虽然看起来很老了，但是身体却非常健康，给人的感觉永远都是那么富有魅力，一点儿也不像将要步入人生终点的人。简单的发髻，干净的旗袍，是老奶奶每天的装束。她的丈夫在她50多岁的时候就去世了，她守寡30多年而未嫁。有人对她说："老奶奶，您现在看起来和以前没有一点儿的差别，还是穿得这么雅致，这么健康长寿，年轻好看。"

老奶奶听了之后脸上弥漫着慈爱的笑，说："怎么会呢，我真的老了呢！老头子转眼间也离开30多年了，但是每天我还是觉得他就在我的身边看着我，所以我每天穿戴整齐都是为了他。我20岁嫁给他的时候，我母亲当时对我说，女人嫁夫随夫，每天做的第一件事情就是穿戴整齐，把自己打扮好，永远不能让丈夫看到你邋遢不堪的样子，这样你才可以侍奉公婆，相夫教子。所以我能够淡然地看待生活，从来不会因为失去的东西而愤怒，心情好，身体自然也就好了。"

不生气是一种人生智慧，明白了这一点，我们的身体才会永葆健康，我们的容颜才会青春永驻，我们才能更幸福地活着。大哲学家康德有句名言：生气，是拿别人的错误处罚自己。很显然，这种以伤害我们身体为目的的"惩罚"是我们不能承受的，我们必须正视它，杜绝它。

所以为了身体的健康，不管在生活和工作中遭遇到什么指责和非议，受了多大的委屈，我们都不要轻易生气，这既是做人的一种修养，也是处世的一种智慧，更是对自己身体的健康负责。

有些事不是你所能控制的，没必要生气

如果我们想掌控生活，就要明白生活中我们所能掌控的界限，要明白生活中我们所能控制的事情和不能控制的事情。对于那些生活中只能眼睁睁地看着的事情，要学会放弃，学会淡然。

一位哲人说，"要想控制心中的怒气，获得幸福与自由，就必须明白一个道理：一些事情我们能控制，而另一些事情则不能由我们控制。"现实中，我们能控制自己的观念、欲望、好恶，但我们出生在一个什么样的家庭、是否生来健康、社会地位如何等事情我们却无法控制。我们无法控制命运，无法控制人生道路上的艰险，无法控制死亡，人身之外的事物都不是我们自身所能控制的。如果我们试图改变和控制这些我们力所不及的事情，那只会给我们带来无穷无尽的愤怒，继而把不稳人生的"方向盘"。

都说命运是自己掌控的，而如果我们想掌控生活，就要明白生活中我们所能掌控的界限，要明白生活中我们所能控制的事情和不能控制的事情。对于那些生活中只能眼睁睁地看着的事情，要学会放弃，学会淡然。否则，我们就会被现实的残酷击垮。

一位在山中修行的禅师，有一天夜里，趁着皎洁的月光，他在林间的小路上散完步后回到自己住的茅屋时，正碰上一个小偷光顾，他怕惊动小偷，就一直站在门口等候他……小偷找不到值钱的东西，返身离去时遇见了禅师，正感到惊慌的时候，禅师说："你走老远的山路来探望我，总不能让你空手而回呀！"说着脱下了身上的外衣，说："夜里凉，你带着这件衣服走吧。"说完，禅师就把衣服披在小偷身上，小偷不知所措，低着头溜走了。禅师看着小偷的背影，感慨地说："可怜的人呀，但愿我能送一轮明月给你！"第二天，温暖的阳光暖暖地洒照着茅屋，禅师推开门，一眼便看到昨晚披在小偷身上的那件外衣被整齐地叠放在门口。禅师非常高兴，喃喃地说："我终于送了他一轮明月……"

禅师明白即使自己劝说小偷，小偷也不一定会听，反而可能有反面效果，有可能激化与小偷的矛盾，导致小偷伤人伤己。于是禅师便不再试图劝说，而是控制自己原本应该愤怒的情绪，用一种平和的语言来与小偷对话。没想到最后小偷竟然于这样的语句中大彻大悟了。人的心性本来空寂"无事"，而是被是非善恶所"迷"，想要回到"本来无事"已经不太可能，而要通过努力回到原本，也是不行的。因为时间不可回到原初，后果已经造成了，所以，有些事情并不是靠我们努力就可以弥补的，故修行至"忘情"，有些事情无法控制，只好控制自己。

一对年轻的夫妻本打算周末去郊外游玩，哪知等到周末的那天，天上乌云密布，突然倾盆大雨，他们不得不因为这样的天气而将计划取消。妻子只能将原本准备好的野餐用具和食物再一一整理好，她一脸沮丧地说："好不容易有个周末，本来还想去郊外散散心，好好呼吸一下新鲜的空气。这倒霉的大雨怎么偏偏赶得这么巧！"丈夫听后，同样沮丧地走到妻子身边，捧住妻子的脸说："别难过，亲爱的。就算没有郊外的好空气，还有我的微笑陪伴着你啊！不如我们把这乌云遮盖的光线当成酒会上迷离的灯光，把这轰隆隆的雷声当成低沉的乐曲来共舞一曲吧。"妻子听后宛然一笑，便把手放在了丈夫手中，在房间里开始了只属于他俩的浪漫奔步。一曲舞罢，他们又把野餐的食物摆在餐桌上，点上蜡烛，开始了幸福的烛光之餐。整个一天都是浪漫而温馨的。

倾盆大雨阻止了商议已久的郊游计划，看起来是很让人难过的，世界上很多事情是不由人所能控制的。但是我们却可以掌握自己，把握好当下的生活，调整好自己的心态，以最好的状态积极应对突来的变化。即使是扫兴的时刻，我们也要过出最精彩的人生，就像这对夫妻，不能去郊游，却可以在家里度过浪漫的烛光假日。

世界上有很多事情，由不得我们所能控制，而我们更不能怨天，也无法怨地。知道时间不可能停留，就没有必要伤春悲秋；知道感情不可刻意，就不会为了谁寻死觅活；知道遗忘总是必然的，就不会为一时的忘却而伤感；知道过去始终是存在的，就没有必要遮掩和炫耀；知道死亡总是在将来的某一刻，就能好好把握现在能做好的……知道这些，就不必勉强为难自己，心放开了，就什么都好了。心放淡一点，再淡一点，不给自己设置那么多的心结，把握好当下，心境自然也就平和了。

你能遇事不生气，就没有人能打败你

只有以平和纯净的心态生活与做事，才能最大限度地挖掘自身潜力，发挥出自身的智慧，幸福地生活，更好地走向成功。所以我们绝对不能成为怒气的俘虏，发怒是无能的表现，假如一个人能够修炼好内心，彻底消除内心的怒气之源，那么这个人才会变得更强大，才是"举世无敌"。

自古以来，武术界都流传着这样一句俗语："练拳不练功，到老一场空。"所以我们在武侠小说中看到的高手们都是内外兼修，而练功练得好又在很大程度上取决于心性上的修炼，心性越高，武术提升的空间也就越大。但是心性的修炼是一个比较复杂的过程，所以心术不正或者心态不稳的人不但修炼不出超常的武艺，还可能会因为情绪上的难以自控而走火入魔，导致精神错乱，最终也就和武术高手"绝缘"了。

欧玛尔在英国历史上是一位非常有名的剑术高手，他曾经和一位实力相当的对手比武，彼此斗了30年仍然没有分出胜负。一次在比武过程中，欧玛尔的对手突然从马上摔了下来，欧玛尔持剑跳到了对手的身边，这时只要轻轻地挥动一下手中的剑就可以结束对方的生命。但是对手这个时候做了一件事情，让原本想要挥剑的欧玛尔停住了手——对方往他的脸上吐了一口唾沫。欧玛尔收起手中的剑，说："你起来，咱们明天再战。"他的对手很惊讶，不明白对方为什么会手下留情。

欧玛尔说："30 年来，我一直训练自己不带着怒气作战，所以我才能始终保持常胜不败。但你刚刚冲我吐唾沫的时候，我已经动了怒气，假如我在那个时候杀死你，那么今后我就再也品尝不到胜利的滋味了。所以我希望能够调整好心态，咱们明天再重新比试。"然而这场比试再也没有进行下去，他的对手在听了他的话之后为其精神所折服，拜他为师，而欧玛尔则因为无怒而提升了心态上的修炼，从那之后剑术更加出神入化，无怒纯正的心态使他每战必胜，所向无敌。

其实做人又何尝不是这样的道理呢，当我们被怒气冲昏头脑的时候，纯粹的发泄和暂时的疯狂会让我们失去理智，蒙蔽理性，抑制能力和智慧，如此一来，所有的事情都会搞砸，朝着不利的方向发展。只有以平和纯净的心态生活与做事，才能最大限度地挖掘自身潜力，发挥出自身的智慧，幸福地生活，更好地走向成功。所以我们绝对不能成为怒气的俘虏，发怒是无能的表现，假如一个人能够修炼好内心，彻底消除内心的怒气之源，那么这个人才会变得更强大，才是"举世无敌"。

有个小男孩，和父亲之间的关系并不怎么和谐，他总是觉得父亲不怎么爱他。比如当他摔倒的时候，他的父亲从来不会扶他起来，失败的时候也不会像别的男孩父亲对待自己孩子那样轻声地安慰他。相反，他的父亲总是用粗暴的语言训斥他："你这个孩子真笨！""你能不能让人省心一下，做好一件事情？"就算小男孩犯下的错误并不是故意的，他也会受到父亲这样的训斥，这样的"待遇"让小男孩觉得非常委屈，对父亲非常失望，小小年纪的他便萌生了这样的想法：等我长大之后有了自己的孩子，我绝对不会这样对待他，假如他摔倒或者失败了，我会很温柔地照顾他，将他搂在怀抱里，安慰他，爱抚他，担负起一个真正父亲的责任。

有一天，男孩的妹妹和其他孩子在一起玩吊床，一不小心从吊床上摔了下来，头撞在了石头上，起了一个很大的包。为此男孩很生气，他想要对着妹妹大喊："你真是太笨了，你看你将自己弄成什么样子了？"但是话到嘴边的时候，男孩突然意识到假如自己将这句话喊出来的话，岂不是就成了父亲那样的人了吗？想到这儿，男孩抑制住了心中的怒气，开始调整自己的呼吸，就像之前所想的对待自己孩子那样，并没有责备妹妹，而是轻声地安慰她，帮助妹妹处理好了头上的伤。

也就是说，只要我们想，便能控制住心中的怒气，改变自己。很多时候，当我们冲着别人大吼大叫的时候，在伤害别人的同时也伤害了自己。所以在任何时候，当我们想要发怒的时候，不妨在内心中告诉自己：千万别生气，不然只能伤人伤己。我们可以深呼吸几次，以此缓解内心的愤怒；也可以暂时放下手中的事情，换个环境，这样会很好地稀释怒气，让自己变得更加冷静和理智。

所以，很多时候，愤怒是我们给自己的人生之路设置的障碍，假如我们能够摒弃烦恼，舍弃怨怒，那么我们的生活就会变得更加幸福和谐，成功对我们来说也就不再遥远了！

你拥抱自己的不完美，就迈向了成功的大门

包容自己是对自己的一种信任，是一种自我肯定，是一种对未来的美好憧憬，懂得包容自己的人，人生的"方向盘"才会把得住，才会更好更快地抵达成功的大门。

人的缺点非常多，有时候我们会为了某个缺点而生自己的闷气，甚至因此而放弃某些事关人生方向的选择。卡耐基曾经写过一本名为《人的弱点》的书，专门阐述人的各种弱点。细细想来，每个人身上都存在或多或少的弱点，有的人自大自傲，有的人争强好胜，有的人思维偏激，有的人能力有限……总之，每个人都是不完美的。在我们受到的教育中，很多时候都要求我们包容别人，严于律己。谈到包容自己，很多人不理解，听到之后的第一印象往往是放纵自己，是人生走向堕落的开始。

其实包容自己是对自己的一种信任，是一种自我肯定，是一种对未来的美好憧憬，懂得包容自己的人，人生的方向盘才会把得住，才会更好更快地抵达成功的大门。我们的人生中，正是因为我们的不完美，我们才更要包容自己，而且包容的尺度不妨尽量大一些，这样才能让自己前进的脚步更加从容稳健，才不会因为梦想与现实之间的差距而对自己大发雷霆。

包容自己，就是包容自己身上的缺点。在生活中，很多人总是抱怨自己有那么多的缺点，为此甚至怒气横生，虚度人生。其实从古到今，

很多大人物也只是某一个方面突出罢了，在另一方面甚至不如常人。假如一个人总是计较自己身上的缺点，跳不出这个坎，那么他就永远不会成功。包容自己的尺度不妨大一些，忽视缺点，紧盯自己的长处，这样才不会自怨自艾，生自己的闷气，这样的人生才是智者所追求的。

对人生来说，最大的痛苦莫过于"生命的反差"，假如史铁生出生之后就双腿残疾，那么之后的人生可能没有太大的愤怒和痛苦。但是命运为史铁生安排了一个残酷的对比：先是慷慨地给予了史铁生一个比一般人还要健康的身体，然后让他在生命中最狂妄的年龄残废了双腿，人生的急转弯产生了鲜明的对比，让他对身体上的缺陷感受得无比深刻。

这种无比痛苦的灾难降临到史铁生身上之后，他找不到工作，找不到去路，他在心灵上无法接受自己身体上的缺陷，他愤怒，经常生自己的气，看不到生活的希望。他为此长久地在地坛花园思索，在经历了种种煎熬和挣扎之后，他最终包容了自己，包容了自己身体的缺陷，遣散了对自己和环境的愤怒，勇敢地拿起了笔，开始了自己的写作生涯，从此中国文学史上多了一颗灿烂的恒星。

史铁生最初在自己的短处上苦苦地挣扎，经常发脾气，甚至想到了死亡，这是排斥自己，厌弃自己。但是后来他在长久的思索中彻底地包容了自己，将所有的精力转移到了自己的长处上，开始写作，最终造就了他不平凡的一生。

包容自己，允许自己失败，一次，两次，甚至是成千上万次。在这个世界上，谁不曾失败过呢？但是有的人在失败之后能够很快地爬起来，而不是纠结于先前的种种无能，拿得起，放得下。假如一个人对自己身上一点小小的不足都容不下，那么他的心中还能容纳下其他的东西吗？

20 世纪 60 年代，美国通用公司的一位年轻工程师独立负责一项新塑料的研究工作。正当这位年轻工程师满怀信心准备大干一场的时候，意外发生了——他用于试验的研究设备突然发生了爆炸，3000 多万美元的试验设备连同厂房在巨大的爆炸声中化为灰烬。

面对爆炸后一片狼藉的现场，年轻工程师的精神几乎接近了崩溃。他想，自己在通用的职业生涯无疑已经结束了，所有的梦想也破灭了。他为此非常沮丧，惴惴不安。但是一天之后，他想通了，从沮丧的情绪中挣脱出来，他觉得这仅仅是一次意外的失败，不应为了这次失败而草率地宣判自己死刑，尽管这次的损失的确非常大。

当通用总部派来的调查事故的高级官员找他谈话时，年轻的工程师说的第一句话就是：我从这次事故中得到了这样一个结论，我们这个试验走不通。调查官员先是吃惊地看着他，之后说："那就好，可怕的是我们什么也没得到。"

一场惊天动地的大事故就这样解决了，这位年轻的工程师就是日后带领美国通用实现 20 年高速增长、被誉为"世界第一 CEO"的杰克·韦尔奇。他最初勇敢地包容了自己的失败，这才有了后来的商业传奇人物。假如当初韦尔奇包容不了自己的巨大失败，那么通用的历史可能就要改写了。

历史上，曹操能够最大限度地包容自己的失败，在他成功之前，失败是常有的事情。一是刺杀董卓失败，被迫逃跑，遇上陈宫相救，却错杀好人，落得个奸贼的骂名；二是群雄并起讨伐董卓时，他想建功立业，每每冲锋陷阵，但最终赔光军力还落得个失败的下场；三是火烧赤壁，败走华容，仍然五次大笑，更说明了他的气度，任何时候绝不放弃。由于包容自己，目光长远，他始终没有消沉，没过多久，又招募了上万人马，慢慢发展壮大。

我们经常也会做错事，按照曹操的思维，错了就错了，再想另外的办法，根本不必去后悔，也不用生自己的气，怨恨自己的无能。当我们包容自己的尺度变得更大一些的时候，我们就会慢慢地和愤怒"绝缘"，就能牢牢地把握住自己的人生"方向盘"，走自己喜欢的道路，做自己喜欢的事情。

当然，并不是说犯了错不用承担相应的责任，不应该自责。在生活中，该自己承担的责任还是要承担的，但是在承担责任的同时，千万不要把自己弄得体无完肤，不可挽回。要知道任何事情都有可以挽回的余地，所以我们要做的就是永远包容自己，不要在愤怒中否定自己，要始终留给自己一个机会。

第二章
与其生气浪费生命，不如争气活出自己的风采

生气是我们对现实的不满，也是我们对自己的一种惩罚。在追求梦想的道路上，生气不能给我们带来正能量，对我们实现梦想无益，只会浪费我们的时间，打乱我们走向成功的步伐。因此，当我们遇到不开心的事时，与其生气浪费生命，还不如争气做得更好，活出自己的风采。

你想要征服世界，就要先学会欣赏自己

　　美国著名音乐家麦克约瑟说："自己与自己的心交流，要赞美它，让它感受到你对它的赏识，那时候它才会向你释放灵感。"

　　每个人都曾经怀有这样的梦想：长大之后，我一定要站在世界的"最高处"一览众山小。但是随着年龄的增加，实现这个梦想的人却少之又少，究其原因，还是在于大部分人不懂得挖掘自己的潜力，不会欣赏自己。

　　要知道人和人的性格不同，能力不同，机遇不同，注定有的人的人生之路充满辉煌，有的人的人生之路却平淡无奇。假如我们不切实际地勉强自己达到别人的高度，不但不会让我们实现所谓的"梦想"，还会增加我们的烦恼，衍生出莫名的怒气。要知道，所谓的成功人士也会有"高处不胜寒"的孤独、寂寞，会承受莫大的压力，而平凡的人却拥有伸手可及的幸福，只是我们经常看不清楚自己，被幻想所诱惑，而忽视了真实的自己。

　　一位心理学家曾经做过这样的试验：他从一群大学生中挑选出一个有些蠢笨、不太招人喜欢的自卑女孩，之后暗中要求她的同学改变以往对女孩负面的看法。同学们按照心理学家的要求，在之后的生活和学习中积极主动地照顾这个女孩，男生夸她长得漂亮，女生赞她聪明智慧。一个学期下来，这个女孩完全就变成了另外一个人，之前的自卑感在她

的身上完全消失不见了，她觉得自己获得了新生。

由此可见，别人的欣赏可以改变一个人，让这个人变得更加优秀。但是别人的欣赏往往需要别人的"配合"，在很多时候属于"稀缺资源"，并不是想要就能得到的。其实我们不妨换个角度想一想，既然别人的赞美能够改变一个人，那么自身的赞美是否同样具备这样的效果呢？美国著名的音乐家麦克约瑟说："自己与自己的心交流，要赞美它，让它感受到你对它的赏识，那时候它才会向你释放灵感。"是的，通过自我欣赏，我们也可以让自己变得更加优秀，发挥出更大的潜力。

欣赏自己，并不是鄙视别人的狂妄自大，而是源于对自己生命的珍视和热爱；欣赏自己，并不是让自己成为"井底之蛙"，身在井底不见广阔的蓝天，而是要让自己抛弃浮躁和愤怒，发掘更加理性成熟的自我。

有个人发现父亲心情不好的时候，喜欢在阳台上摆弄他种的几盆花草，而他自己心情不好的时候则喜欢站在阳台上看父亲种的花草。父亲对他说："给这些花草浇浇水，松松土，对我而言是一种享受。"他点点头，又摇摇头，觉得和种花比起来，还是欣赏花更能让自己内心愉悦。

有一次，父亲在工作上遇到了挫折，一个人生了几天闷气，闲的时候就去阳台上种花。他心疼父亲的身体，有一次来到了阳台，想要宽慰父亲几句。那时候父亲正盯着花盆中的一株杂草，一动也不动。

"为什么不把它拔掉呢？"他有些不解地问道。

"它太嫩了，这个时候拔掉很可惜！"父亲回答道。

他听了后觉得父亲的话很好笑，说："一株草有什么可惜的，拔掉就拔掉了。"

父亲却淡然地说："难道它不值得我去欣赏吗？"

他很惊诧，问道："难道您欣赏这株草？"

父亲回过头来，看着他说："不，我欣赏的是我自己。"

"啊！"听父亲如此说，他不禁一愣，一向书生气十足的父亲，说出这句话时竟然在儒雅之外多了几分严厉和坚定。

见他惊奇的样子，父亲笑了笑，然后缓缓地说："我欣赏自己，是因为我知道我和这株草一样坚忍不屈。你看，这个花盆里面都是一些固定花株的瓦砾，这草却是从瓦砾下钻出来的。其实我也是这样，我虽然在工作中遇到了挫折，我的实验项目被别人的替代了，但是就在昨天，我又提交了新的申请，我要参加这项我并不怎么擅长的实验项目，想看看自己的真实能力到底如何。仅仅这一点，是不是就值得我欣赏一下自己呢？"父亲说到这儿稍微停顿了一下，然后用充满爱意的目光看着他，"孩子，你欣赏自己吗？"

没等他说话，父亲又自顾自地说："欣赏自己，就是要善于发现自己身上的闪光点，要学会不生自己的气，永远自信、乐观。你已经是一个成年人了，应该能够想明白这一点。"

他愣住了，父亲的话很深沉，他知道此时此刻，父亲正在用深沉的爱意浇灌他的人格之花，塑造他的性格。那一刻，他终于明白了之前经常听父亲念叨的话："你活着，或许有不少人值得欣赏，但是你最该欣赏的是你自己。"

是的，正如这位父亲所说的，人只有懂得欣赏自己，发现自己的优势，才会变得更加自信和乐观，才不会对自己所经历的挫折和失败生气。懂得欣赏自己，才会最大限度地舒展个性，发挥行动的主动性。

卡耐基所说的一段话非常值得我们深思："发现你自己，你就是你。记住，地球上没有和你一样的人……在这个世界上，你是一种独特的存在。你只能以自己的方式歌唱，只能以自己的方式绘画。你是你的经验、你的环境、你的遗传造就的你。不论好坏与否，你只能耕耘自己的小园地；不论好坏与否，你只能在生命的乐章里奏出自己的音符。"的确，我们是独一无二的，这个独特的"我"既存在令人欣喜的优点，也存在让人不满的缺点和不足。我们只有学会充分地接纳自己，学会如何欣赏自己，我们才会拥有良好的自我感觉，才会自信地生活和工作，最大限度地发挥出我们的潜能。

假如我们不懂得欣赏和接纳自己，总是怀疑自己的能力和潜能，习惯用一种否定的态度看待自己，那么我们就有可能限制甚至扼杀自己向往愉悦的心，让自己陷入生闷气的轮回之中不能自拔。所以想要不生气，想要尽可能地争气，那么我们首先要学会欣赏我们自己。

什么都没有时，那就从头开始吧

在生活中，一无所有并不可怕，可怕的是失去前进的勇气。假如一个人非常消极懒惰，安于贫穷，即使发财的机会就在眼前，他也看不到、抓不住。

很多人，在生活中觉得自己是个失败者，要钱没钱，要权没权，孑然一身，什么都没有拥有过。这些人往往会觉得自己的人生非常失败，从思想上也接受了这种失败，处处认为自己低人一等，只能看着别人微笑，看着别人幸福，而上帝从来不曾怜悯过自己。

在生活中，一无所有并不可怕，可怕的是失去前进的勇气。假如一个人非常消极懒惰，安于贫穷，即使发财的机会就在眼前，他也看不到、抓不住。

有一个人活到 20 岁就死了，阎王爷在生死簿上发现，这个人应该有 1000 两黄金的财运，而且阳寿有 70 年。到底是什么改变了这个人的命运轨迹，吞噬掉他的财富和生命呢？阎王爷觉得非常奇怪，于是决定要查个清楚，就找来了财神。

财神说："我看这个人文采不错，觉得他写文章的话一定能够有更大的成绩，所以就把那 1000 两黄金交给了文曲星。"阎王爷又找来文曲星，文曲星说："我看这个人虽然有文才，但是武略更胜一筹，所以就把那 1000 两黄金交给了武曲星。"阎王爷于是又叫来武曲星，武曲星说："这个人的文才武略都是一流，但是他很懒惰，什么也不做，我不知道怎么让他拿到这 1000 两黄金，所以只好把黄金交给土地公了。"

阎王爷找来土地公，土地公说："这个人实在是懒得很，我怕他拿不到黄金，所以把黄金埋到他家的院子里，只要他在院子里挖一锄头，就可以挖到黄金了，可惜他从来没有挖过一锄头，就这样活活饿死了。"阎王爷听了之后，说了句："活该！"就把那 1000 两黄金充公了。

上面这个故事虽然带有神话色彩，却说出了生活中的一个大道理，一个人如果什么也不做，即使命中注定的财富也是拿不到的。什么都没有并不可怕，只要懂得从头开始，勤奋地努力，那么现在的清贫并不是什么负担，而是向前的起点。

1987 年，16 岁的刘玉栋只身来到济南闯荡，出身农民家庭的他得不到家里的任何经济支持，也没有什么手艺，而且身无分文，最后只能跟一个师傅学修自行车。他的想法非常简单，觉得"艺不压人，学点儿手艺，之后能混口饭吃"。为了多挣钱，他白天在店里修自行车，晚上到自行车厂去装自行车，工作虽然很辛苦，但是收获却很大，两年多的学徒生涯，他居然挣了两万元，在当时，一个不到 20 岁的小伙子有两万元，是非常少见的。

有了钱，他面临着两个选择，是回家盖房子结婚，还是继续留在城里干活儿？在他们老家的农村，一般 20 岁左右就结婚了，父母也劝他回家，但是他最终还是选择留下来，在济南大厦附近租了一个小门脸儿，专门修自行车。

那个时候来修自行车的人大都喜欢抽烟喝酒，细心的他发现了这个商机，就从别人那里进了一点儿烟酒摆放在店里，没想到这竟然是他走上烟酒代理的起点。卖烟酒时间长了，他发现从别人那里进货成本非常高，聪明的他于是把目光转到代理上。但是想要成为代理，并不是一件容易的事情，谁也不会把大批的货物交给一个只有 19 岁的小伙子，而且当时很多酒厂都有专门的代理，再说他也没有那么多的资金，实力远远没到那个层次。

刘玉栋一无所有，但是并没因此退缩，他带着 1 万元钱来到当年在市场上销售火爆的兰陵酒厂，寻求代理的可能。厂长听明白了他的来意后，一口就拒绝了他。刘玉栋没有气馁，语气坚定地说："您不卖给我酒，我就不走！"厂长见他这么执着，便给了他一个在当时看似没有丝毫可能完成的任务——回收 10 万个酒瓶拿来换酒。原本是个玩笑，但没想到刘玉栋当真了，他跑遍了整个济南回收酒瓶，3 个月的时间，他真的收够了 10 万个酒瓶。厂长看到之后没有食言，把酒卖给了他。

1992 年，得知中国两家企业开始代理可口可乐、德芙等产品，21 岁的他跑到北京和这两家企业谈判，要求在济南代理他们手中的"洋牌子"，凭借着他的不懈努力和精明才智，最终如愿以偿。后来他又代理了费县老白干、泰山特曲等山东白酒。到 1994 年，公司每年的销售额达到了数百万。

2010 年，他已经是茅台、五粮液、泸州老窖、郎酒等 50 多个著名白酒品牌、2000 多个单品的济南代理商，公司的销售额已经突破两亿元。但是这些成就远远没有让刘玉栋满足，他说："我还要做外国名酒的中国区代理，让中国老百姓和洋酒真正地亲密接触。"

刘玉栋从最初的一无所有到公司年销售额突破两亿元，谱写了一个创业的传奇。一无所有绝对不是创业的桎梏，相反，从零开始才最有力量，因为只有一无所有，才能承受生活和事业上的挫折和打击，才能无限地激发自身的潜力，爆发出难以想象的巨大力量。

只要你想去做某事，永远都没有太晚的开始

在这个世界上，有些人却做到了别人想象不到的事情，虽然不是那种早早就成名的天才，他们却在人生的最后阶段成就了自己的梦想，究其原因不在于这些人有着超越常人的能力，而在于他们的心态，在他们的心中，始终坚定这样一个信念——只要努力，什么时候也不晚！

在生活和工作中，我们经常会听到一些人抱怨自己以前不知道努力，以至于现在一事无成，甚至有人为此气愤不已，觉得自己的一生就这么蹉跎了。"先前不知道珍惜机会，没有好好学习，现在真后悔！""之前怎么就没有坚持下来呢，不然我现在已经是大富翁了！""要是我一直努力

的话，现在的生活绝对不是这样的。"诸如此类的话语之中，愤怒悔恨之意不可谓不深，大有再重活一回就绝对能成功的气势。但是有这类想法的人却忽视了非常重要的一点——失去了过去，还有现在和将来，只要你想，永远都不晚！

当年的姜子牙，年轻时空有一身的学识，上知天文，下知地理，精通军事谋略，研究治国安邦之策，但是在商朝却得不到重用。光阴似箭，转眼间姜子牙已经年过六十，白发满头，却依然没有放弃自己的理想，他觉得不管年龄有多大，只要心中有志向，就不算晚。后来他遇到了求贤若渴的文王，帮助西周灭掉了商朝，成就了千古功绩，可谓大器晚成的典型。

有一个人在 5 岁的时候就失去了父亲，缺少父爱的他，生活的艰辛可想而知。在他 14 岁的时候，他逃学开始了流浪的生活，后来到一所农场里面做活儿，勉强维持生计。但是这样的生活让他觉得很不开心，之后他又去做了售票员，也不尽如人意。在他 16 岁的时候，报名参了军，但只当了一年的兵，他就去了阿拉巴马州，在那里开了一家小小的铁匠铺，打算做点儿小本的生意，但是没过多久就倒闭了。之后他又去了南方，在一家铁路公司当了机车上的炉工，他以为自己从此能够在这个岗位上干一辈子，一直到老。

18 岁那年，他结了婚，本以为幸福的生活开始了，但是在他得知太太怀孕的那天，他也接到了公司的解雇通知，他再一次失业了。在接下来的日子里，他忙着在外面找工作，让他没想到的是，太太把全部家产变卖掉之后，跑回娘家，抛弃了他。紧接着，席卷整个美国经济的大萧条开始了，找工作变得更加困难，但是他却没有因为艰难的环境而放弃自己的生活，周围的朋友也觉得他的确非常努力。即使在那么艰难的日子里，他还是通过函授学习法律，但是因为后来的生活实在过于穷困，最后不得不放弃。

再后来，迫于生计，他卖过保险，卖过轮胎，还曾经营过一条渡轮，开过一家小加油站，但是这些创业行动，最后都以失败而告终。周围的人看着他一次次跌倒又一次次爬起来，都劝他说："算了吧，这就是你的命运，不管你多么努力，这辈子也成功不了了。"他听了这样的话，受到很大的打击。就这样，他浑浑噩噩地生活着，一转眼，就到了退休的年龄。也就是说，他到了晚年，依旧一事无成，当然在这个世界上，像他这样的人有许多，他不是第一个，也不是最后一个。

时光飞逝，眼见他的生命就要走到尽头，他收到第一份社保支票，这个时候他浑浑噩噩的生活才一下子起了波澜，难道一生就这样过去吗？他作了一个决定，用那张社保支票上的100多美元进行了最后一笔投资，从此开创了自己的事业。他成功了，而今在世界上的各个角落，人们都能看到他的笑脸，让人惊讶的是，他大获成功的时候，已经是88岁高龄了。这个人就是肯德基的创始人哈伦德·山德士。

看了上面的故事，你还为自己已经过了奋斗的最好时机而萎靡不振吗？在人生的旅途上，没有什么早和晚，哈伦德·山德士在88岁高龄时取得事业的成功，就是最好的证明。

错过了年轻时的美好时光，荒度了壮年时的远大志向，等到人生的暮年，豁然回首，是不是感觉一切都晚了？相信每一个在晚年还一事无成的人都会有这样的感慨，甚至一些只是错过了一两个时机的人也同样如此。但是在这个世界上，有些人却做到了别人想象不到的事情，虽然不是那种早早就成名的天才，他们却在人生的最后阶段成就了自己的梦想，究其原因不在于这些人有着超越常人的能力，而在于他们的心态，在他们的心中，始终坚定这样一个信念——只要努力，什么时候也不晚！

失败并不可怕，可怕的是丧失了信念，没有了创造辉煌的动力。这个时候的你，就像溪流中的浮萍，只能随波逐流了。人要有一种"什么时候努力也不晚"的豪气，在人生的路途当中，你错过了早晨的太阳，还有夜晚的月亮和星星等着你去欣赏，如果因为错过了太阳而一直萎靡不振，彷徨不前，最后肯定连月亮和星星都失去了，那么你的人生注定是失败的。

失去的就失去了，没有必要抓住不放，一直气愤和哀叹。对我们而言，失去的时光永远不会回来，将来的日子我们也不能掌握，唯有真真切切的现在才是我们能够左右的。现在是过去和将来的一个交汇点，吸取过去的经验和教训，蕴含着将来的梦想和希望，抓住了现在，就等于抓住了整个人生。

有一个虔诚的信徒请佛祖释迦牟尼指点迷津："你常说人要抓住现在，那么究竟怎么做才是抓住现在呢？"佛祖说："吃饭就是吃饭，睡觉就是睡觉，这就抓住现在了。"乍听起来，你也许会觉得不可思议，传说中有大智慧的佛祖，怎么会说出这样的大白话呢？其实，只要静下心来深入地思考一下，就会发现这大白话里面蕴含着我们所要探寻的生活真谛。

我们真的会吃饭、会睡觉吗？有的人在吃饭的时候看电视、看报纸、玩游戏，当然，更多人喜欢在吃饭的时候谈论话题，讨论工作，全然感受不到饭菜的美味；有的家庭更是把餐桌变成了批斗会，丈夫批判妻子，妻子埋怨丈夫，哪里还有一点点的饮食之欲？至于睡觉，有的人该睡觉的时候睡不着，想着白天发生的事情，或唉声叹气，或咬牙切齿，这还能称为睡觉吗？

其实佛祖的道理非常简单，该吃饭的时候就要专注饭菜的美味，该睡觉的时候就要抛开一切烦恼，尽情地让自己享受宁静和安逸。以此类推，做事情的时候就要全心全意地做事情，不能身在曹营心在汉，三心二意的后果只能是一事无成。只有抓住现在，立足做好身边的每一件事情，才能为美好的未来打下根基，开创幸福的明天。

有些人却不懂这样浅显的道理，总是纠结于过去和将来，殊不知活在过去就会失去现在，活在未来则有可能失去未来。聪明的人都知道，只要紧紧地抓住现在的日子，努力奋斗，脚踏实地，一步一个脚印，就能做出成就，让自己的生活越来越美好。

你要将每一天都当作人生的最后一天来活

智慧的人从来不会为人生苦短而气愤和哀叹什么，他们会把每一天都当成生命的最后一天去过，珍惜每一分钟的时间，这样才会营造一种紧迫感，自我加压，自我突破，生命的价值才会最大化，人生的价值才会快速地实现。

人生短短几十年，相对于漫长的历史，犹如萤火之光，只能算是一瞬间的永恒。每个人都希望自己的人生足迹更长远，希望自己能够走得更久一些，其实人生除了长度之外，最重要的还是质量，一个人生活得足够精彩，他的人生才是幸福的，令人羡慕的。假如每天的生活都如白开水一般没有滋味，那么即使一个人的生命再长久，也没有什么意义。

　　智慧的人从来不会为人生苦短而气愤和哀叹什么，他们会把每一天都当成生命的最后一天去过，珍惜每一分钟的时间，这样才会营造一种紧迫感，自我加压，自我突破，生命的价值才会最大化，人生的价值才会快速地实现。

　　戈麦，原名褚福军，出生在黑龙江边境的一个农场里。他1985年考入北京大学中文系，虽然和当时一代大学生普遍怀有文学梦想相比，戈麦开始写作有些晚，直到1987年才开始真正意义上的写作，但是他的成就却是巨大的。

　　戈麦曾经说过这样的话："直到1987年，应当说是生活自身的强大激流把我推向了创作，当我已经具备权衡一些彼此并列的道路的能力的时候，我认识到，不去写诗可能是一种损失。"从那以后，他开始接触现代诗歌，拿起笔来搞创作。和周围人不同的是，戈麦对生命有自己独特的认知，他觉得应该把现在的每一天都看成生命中的最后一天，这样才能激励自己更加向前。正是靠着这种精神，戈麦在短短四年的时间中，创作出大量内涵深刻的诗歌作品，成为现代诗歌史上一颗最耀眼的流星！

　　是的，当我们把现在的每一天都看成人生中最后一天来生活的时候，我们就会发现自己身上充满了活力，对每一分每一秒都倍感珍惜。这样，我们的生活才越活越充实，才会越来越成功。

　　安吉丽娜·朱莉曾经出演过一部电影，大体剧情是一个电视女主持人碰到一个预言家，预言家对她说，她将在下星期四死去。这个预言一下子把她的生活打乱了，她希望碰到的这个预言家只是一个胡言乱语的人，可是他对其他事（球赛结果、天气、地震）的预言都一一应验了，这样的现实促使她开始认真考虑下星期四就要死去这个残酷的预言。人都会有自己的小烦恼、小计划，但是如果生命还剩最后几天，事情就会变得很不同。影片最后有一个点题之语：我们应当把生命中的每一天当作最后一天来过。问题是：如果人知道自己几天后会死，他会怎样活这几天？

把现在的每一天都当作生命中的最后一天，要求我们珍惜时间，懂得利用生命中的每一分每一秒。既然对我们而言，时间是宝贵的，我们为什么不紧紧地抓住现在的每一分钟，来创造属于我们的人生价值呢？

爱尔斯金是美国近代诗人、小说家，又是出色的钢琴家，他在谈及利用时间这个老生常谈的话题时，曾深有体会地说："不要故意使 5 分钟、10 分钟随便过去，人类的生命是可以从这些短短的间歇余闲中获得一些成就的。卡尔·华尔德对于我的一生有极重大的影响。由于他，我发现了如果能毫不拖延地将极短的时间加以充分利用，就能积少成多地供给你所需要的时间。"

卡尔·华尔德是美国近代诗人和出色的钢琴家，同时也是爱尔斯金的钢琴老师。有一天，卡尔给爱尔斯金授课的时候，问他："你每天总共要练习多长时间钢琴？"爱尔斯金说："三四个小时。""你每次练习间隔的时间都很长对吗？""我想是这样的，每次差不多一个小时，至少也是半个小时。我觉得这样才好。"

"不，不要这样！"卡尔说，"你长大以后，每天不会有很长的空闲时间。你应该养成一种用极少时间练习的习惯，一有空闲就几分钟、几分钟地练习。比如在你上学之前，或在午饭之后，或在工作的休息中间，哪怕 5 分钟也去练习一下。把短时间的练习分散在一天里，如此，弹钢琴就成为你日常生活中的一部分了。"

14 岁的爱尔斯金因为听了卡尔的忠告，使自己日后得到了不可估量的益处。当爱尔斯金在哥伦比亚大学教学的时候，他想兼职从事创作。

可是上课、阅卷、交际等事情把他白天和晚上的时间完全占满了。差不多有两个年头，他一字不曾动笔，他一直苦恼的是"没时间"。

有一天，爱尔斯金突然又想起了卡尔·华尔德先生告诉他的话，于是到了下一个星期，他就重新开始实践"短时间练习法"，只要有5分钟左右的空闲，他就坐下来写作，每次100字或短短的几行。出人意料，在那个学期终了的时候，爱尔斯金竟写出了厚厚的一堆手稿。

后来，爱尔斯金用同样积少成多的方法，创作了长篇小说。他的授课工作虽每天都很繁重，但是他每天仍有许多可利用的短暂余暇用来写作和练习钢琴。爱尔斯金惊奇地发现，每天无数个几分钟的时间，足够他完成创作和弹琴两项工作，而且最后都取得了丰硕的成果。

爱惜时间是个永恒的题目，似乎也是个难于解决的难题。我们往往只把珍惜时间放在嘴边，在身体力行时却又很自然地随意荒废着时间，随后又是后悔忏悔。如果我们能像爱尔斯金那样，珍惜短短的5分钟的时间，那么珍惜时间就不再是空话。

一个人把每一天都当作最后一天来过，生命才会显得富有意义。如果我们能够抓住每一分每一秒，释放出我们的热情和潜力去奋斗，去感受，那么幸福和快乐就会围绕在我们身边，成功也就在不远处向我们招手了。

困境能给你带来痛苦，还会激发你的热情

俄国著名作家车尔尼雪夫斯基说："一个没有受到献身的热情所鼓舞的人，永远不会做出什么伟大的事情来。"

人生不可能永远一帆风顺，面对突如其来的困境，有的人裹步不前甚至倒退，有的人却能在困境面前爆发出更大的热情，最终获得了向前的更大动力。正所谓，天将降大任于斯人也，必先苦其心志，劳其筋骨，当我们面对困境执着前行的时候，我们会发现，走过最黑暗的黎明，曙光已经距离我们不远了。

北大著名校友林纾步入翻译行业源于人生的困境：仕途不得志，母亲去世之后不久妻子又病故了。那个时候的林纾情绪极其低落，感觉自己的人生从此失去了颜色，一切都变得灰暗起来。好友王寿昌、魏翰等这个时候邀请他一同翻译书籍，起初林纾意志消沉，再三推托，最终还是接受了这一邀请。

人生的困境没有让林纾一蹶不振，反而在翻译书籍这个新的行业中激发了他的热情，他将仕途上的不得志之情以及对母亲和妻子的思念之情都化成了自己译书的动力。他翻译的《巴黎茶花女遗事》一经推出，就得到了国人的相当认可。在之后的人生中，在不熟悉外文的情况下，他和别人合作翻译了180余部外国小说，其中有许多出自外国名家之手。这些外国小说向国人展示了丰富的西方文化，开阔了人们的视野，树立了林纾"翻译之王"和新文化先驱的地位。

成功学大师卡耐基说："熊熊的热忱，凭着切实有用的知识与坚韧不拔，是最常造就成功的品性。"而俄国著名作家车尔尼雪夫斯基则说："一个没有受到献身的热情所鼓舞的人，永远不会做出什么伟大的事情来。"在这个世界上很多人想要获得成功，想要做出伟大的事业，但是，真正可以梦想成真的人却寥寥无几，这其中一个重要原因就是，这些人在困境中无法让自己始终保持一颗热情如火的心。

麦当劳的老板克罗克在出生时，就与一个原本可以发大财的时代擦身而过，那时美国西部加利福尼亚的淘金运动刚刚结束。而就在克罗克准备上大学的时候，美国又迎来了前所未有的金融危机。后来，克罗克辍学去搞房地产，可当房地产生意刚刚有所起色之时，第二次世界大战又爆发了。在动荡的社会之下，没有人愿意将钱用来买房子，最终克罗克的房地产生意也泡汤了。

在经历第一次失败之后，克罗克做过急救车司机、钢琴演奏员和搅拌器推销员等职业。但是，虽然他一直不停地奔波，不停地劳累，却一无所成，陷入人生困境之中。尽管如此，克罗克始终没有放弃对生活的热情。1955年，在外面闯荡了半辈子的克罗克决定回到老家。回到老家之后，克罗克卖掉了家里的一份小产业后开始做生意。一次偶然的机会，他发现迪克麦当劳和迈克麦当劳两兄弟开办的汽车餐厅生意十分红火。在经过一段时间的观察之后，他确认这个行业十分有发展前途。当时克罗克已经52岁了，对于多数人来说这正是准备退休的年龄，可这位门外汉却决心从头做起，到这家餐厅打工，学做汉堡包。

在辛苦地从做汉堡包学起之后，克罗克又毫不犹豫地借债270万美元买下了麦氏兄弟的餐厅。经过几十年的苦心经营，麦当劳现在已经成为全球最大的以汉堡包为主食的快餐公司，在国内外拥有7万多家连锁分店，年销售额高达近200亿美元。克罗克也被誉为"汉堡包王"。

提起麦当劳很多人就会想到和蔼可亲的麦当劳叔叔，其实，在麦当劳背后还有一个始终对生活充满热情的创始者——克罗克。试想如果克罗克在经历了一系列挫折之后，失去了对生活的热情，那今天也就没有美味可口的麦当劳了。如果克罗克在52岁高龄的时候，没有保持一颗热情向上的心，那我们就将失去一个休闲放松的好去处了。

著名诗人S·乌尔曼曾经说过："年年岁岁只在你的额上留下皱纹，

但你在生活中如果缺少热情，你的心灵就将布满皱纹了。"处于困境中的我们，有了热情，就能将暂时的挫折和困难看作机会，就能把陌生人视做朋友，就能在失败中寻找成功的蛛丝马迹。一个人有了热情，就会变得心胸宽广，抛弃怨恨，甚至忘记病痛，当然还将消除心灵上的一切皱纹。

著名大提琴家 P. 卡萨尔斯在 90 岁高龄的时候，还要每天坚持练琴四五小时，当乐声不断地从他的指间流出时，他那俯曲的双肩又变得挺直了，他那疲乏的双眼又充满了欢乐。美国堪萨斯州威尔斯维尔的 E. 莱顿直至 68 岁才开始学习绘画，她对绘画表现出极大热情，并在这方面获得了惊人的成就，同时也结束了折磨她至少有 30 年的苦难历程。

一个人快乐与否，不仅取决于他所处的环境，还取决于他是否拥有热情积极的心态。当一颗热情的心在我们胸膛中跳动时，我们才会在困难与挑战面前无所畏惧，才能更积极地向着成功迈进，最终走向我们想要收获的成就。

勇往直前，你就一定能够心想事成

世界给了我们怎样的际遇不重要，重要的是我们有一颗勇往直前的心，无论面对什么样的困难，都要敢于前进，不轻易放弃。欣美别人辉煌的同时，我们应该确立自己的人生目标，无论面对什么样的困难都矢志不移，那么属于我们自己的成功总有实现的一天。

从我们降生开始，便要或多或少地面对大大小小的困难，也正是这样或者那样的困难，才构成了我们丰富多彩的人生。生活中，困难无处不在，总要我们去面对，任何回避都无济于事。这其中，有的人被困难击倒，从此一蹶不振；有的人却越挫越勇，最终成就一番大事业。这样的例子俯拾皆是，在这个世界上，任何理想和目标都没有捷径，都需经历困难才能抵达。而且，这样的困难会接二连三地遇到，只有坦然面对，将它们当成攀登的台阶，才能最终登上巅峰。也正是因为成功来之不易，所以很多经历过困难的人，在回过头来看经历的时候，无不感谢曾经的磨砺，正是这样的磨砺，才能打造出不屈不挠、永不放弃的精神，这样一种拼搏的精神才是人生源源不断的动力。

很多时候，我们太习惯日常稳定的生活和简单的习俗，没有胆量和勇气追求梦想。在人生的旅途中，与其让我们安于平静，还不如让我们面对困难。正是因为我们害怕被困难击倒，才注定了大部分人只能在成功的门外徘徊、逡巡不前。正是这种回避和等待，让我们错失了太多的机遇，最终与梦想失之交臂。

《孟子》里有一句名言：故天将降大任于斯人也，必先苦其心志，劳其筋骨，饿其体肤，空乏其身，行拂乱其所为，所以动心忍性，曾益其所不能。人恒过，然后能改；困于心，衡于虑，而后作；征于色，发于声，而后喻。入则无法家拂士，出则无敌国外患者，国恒亡。然后知生于忧患而死于安乐也。这就如同一个人，总是回避艰险的小径，只是一味走在平坦的大路上，那么他永远没机会看到险峻的风光。人生也是一样，只有经历过艰难困苦，才能迎来最终的成功和辉煌。尤其是在逆境当中，本着不放弃的精神，更能创造出让人肃然起敬的奇迹。

有一个年轻人，从他开始上学时起就一直是三好学生、班干部，并且初二那年，他还在全国奥数比赛中获得第二名，还没到 17 岁，就被保送到某重点大学深造。然而，命运总是在跟他开玩笑，他接到大学录取通知书那年，发生了意外：在一次过马路时，他被一辆飞驰的车辆无情地轧断了双腿和左手。车祸让他无法接受，甚至生不如死。痊愈之后，他看着自己残缺不全的躯体，感觉生命没有任何意义，一生就这样被突然改变了，在强大的心理压力下，他甚至想到了结束自己的生命。

为了排解他的情绪，重新树立信心，他的家人特意将他送到乡下的姑妈家静养，每天的生活很单调，不是吃饭睡觉，就是睡觉吃饭，甚至连他自己也不知道怎么打发大把的时光，在这样的环境下人也更加灰心丧气和慵懒起来，一晃半年过去了。直到有一天，无所事事的他，鬼使神差地自己摇动轮椅走出了那个小院落。冥冥中一切自有安排，他与那两棵树不期而遇。那是两棵奇怪的树，与别处的树不同，它们尽管扭曲着肢体，却顽强地向上挺立着。他有些奇怪，仔细看了看才发现两棵树之间有一根七八米长的铁丝，铁丝的两端深深嵌进树干里。见他比较关注，住在一旁的邻居告诉他，七八年前为了方便晾晒衣服，有人在两棵小榆树之间拉了一根铁丝。时间一长，树干越长越粗，但是树干被铁丝缠绕的部分无法冲出束缚，叶子枯黄，失去了生机，很多人都认为它们要死了。没想到第二年春雨过后，这两棵树又吐出了新芽，而且不仅如此，伴随一年年树干变粗，最终呈现出两头粗、中间细的奇怪形状。

他被感动了，面对无法抗拒的暴力和噩运，两棵小小的树仍然能够努力冲破阻碍，作为一个坚强的人，又有什么能够轻易放弃的呢？这时久违的信心和勇气开始重新升腾，尽管仅存右手，他仍然用尽全身的力气撑起整个身体，给那两棵苦难而坚强的小树深深地鞠了个躬！很快，他回到城里，拾起了当年的课本和学业，凭着不懈的努力和毅力自学完大学全部课程，毕业后又创办了自己的公司，如今他已经成为一家资产上千万的私企老总，并被选为"市十大杰出青年"。

其实，世界给了我们怎样的际遇不重要，重要的是我们有一颗勇往直前的心，无论面对什么样的困难，都要敢于前进，不轻易放弃。欣羡别人辉煌的同时，我们应该确立自己的人生目标，无论面对什么样的困难都矢志不移，那么属于我们自己的成功总有实现的一天。

黄怒波是诗人，也是一位新儒商。黄怒波在家中最小，父亲离开后，黄母便天天拉着板车去城墙挖土，一车沉重的土只能卖几毛钱，但是没办法，得靠这钱维持一家人的生计。在他的记忆力里，母亲整天沉默寡言，性格暴躁，经常发火动手。有一次他从炕上掉到地上，因为饥饿无法爬上去，便哭起来。母亲回来见他还在哭，不由分说，拎起来就打了他两下。用他自己的话说"我从小就缺少温暖"。

在那个年月，母爱是无从谈起的，能吃饱肚子就算是最幸福的事。当年的黄怒波是享受不到关怀的，对他来说能够生存下去才是最重要的，其他的连想都不敢想。在他的记忆里，隔壁是个厨师，因为工作之便，总能一两个礼拜便带回一口袋肉骨头。因为那骨头上总能残余着一些肉，而且骨头中还有好吃的骨髓，因此每次那厨师将骨头倒在外面的垃圾堆，他们这些饿坏的孩子便会一哄而上，开始抢那些肉骨头。他们找来石头砸开骨头，贪婪地吃里面的骨髓，也不管上面是否有蛆虫和泥土。在成长的过程中，他也曾经和几个同学扒火车流亡，渴了就喝井水填肚子，结果回到家，气急败坏的母亲还是一顿痛打。

有一次，好心的邻居送他一个馒头。他舍不得吃，用热水泡开一小口一小口地吃，结果没几分钟就吃没了，由于吃得太急，最终全吐了。正是这样的经历，让他认为"电影上饿了就狼吞虎咽，那是假的"。再大一点儿时，他就跑到公园偷果子，跑到田里偷瓜，甚至还捡子弹壳当作废铜卖钱，为了活下去，他什么都做。后来，黄怒波把握住一切机会，先是进入北大学习，毕业后在中宣部工作，任处长、部党委委员。1995年，年轻的黄怒波创办北京中坤投资集团。1996年至1998年，他进入中欧国际工商学院学习，获EMBA学位，并且连年入选"福布斯中国富豪榜""福布斯中国富豪榜慈善榜"及"胡润百富榜""胡润慈善榜"，2009年他甚至被《福布斯》杂志评选为"亚太慈善英雄"。2011年他因为杰出的成就被中欧国际工商学院评选为"中欧校友年度人物"。

很多时候，有些人把人生旅途上的困难当成无法逾越的大山，选择了退缩和逃避，最终只能被困难所折服。只有那些无所畏惧的人，才敢于在苦难面前永不放弃，想尽一切办法去克服。他们爆发出惊人的理想和勇气，连困难都会为他们让步，成功也自然而然属于他们。

俗话说，成功属于那些有准备的人，所谓的准备就是面对困难的勇气和不服输的劲头，只有有了这样的精神，无论多么大的困难，都会给勇者让路。

你的专注，是你走向成功的捷径

人想要成功，需要找到一个正确的方向，做一件适合自己的事情，全力以赴，才可能登上人生的高峰。

在生活和工作中，想要让自己争气，除了需要强化能力之外，还需要专注。生活中到处充满了机遇与诱惑，在这些机遇和诱惑面前，每个人都需要做出选择，决定做什么不做什么。很多时候，人总是很贪心，总是想将所有的东西都拥入自己的怀中，做到十全十美。但是孟子云："鱼与熊掌，不可兼得。"人想要成功，需要找到一个正确的方向，做一件适合自己的事情，全力以赴，才可能登上人生的高峰。

一位青年满怀烦恼去找一位高僧。因为他大学毕业后，曾经是豪情万丈，但是现在依然一事无成。他找到高僧时，高僧正在禅房里诵经。高僧微笑着听完青年的倾诉，对他说："来，你先帮我烧壶开水！"青年看见墙角放着一把极大的水壶，旁边是一个小火灶，可是没有发现柴火，于是便出去找。他在外面拾了一些枯枝回来，装满一壶水，放在灶台上，在灶内放了一些柴便烧了起来，可是由于壶太大，装的水太多，那捆柴烧尽了，水也没开。于是他跑出去继续找柴，回来的时候那壶水已经凉得差不多了。这回他学聪明了，没有急于点火，而是再次出去找了些柴，由于柴准备充足，水不一会儿就烧开了。

这个时候高僧忽然问他："如果没有足够的柴，你该怎样把水烧开？"青年想了一会儿，摇了摇头。高僧说："如果那样，就把水壶里的水倒掉一些！"青年若有所思地点了点头。高僧接着说："你一开始踌躇满志，树立了太多的目标，就像这个大水壶装了太多水一样，而你又没有足够的柴，所以不能把水烧开。要想把水烧开，你或者倒出一些水，或者先去准备柴！"

青年恍然大悟。只有删繁就简，从最近的目标开始，才会一步步走向成功。万事挂怀，只会半途而废。

其实烧开一壶水并非什么难事，可是为什么那么多的人总是烧不开呢？有太多的人都是烧到60℃度就撒手了，还有些人这壶水没有烧开，又跑去烧别的了。这些人本来是很有才华的，完全可以有些作为，看到他们没有把一壶水烧开，真是令人惋惜。烧水的过程大概是最困难的，因为我们不免见异思迁，不免会怀疑乃至动摇，对水是不是可以烧开存在着很深的顾虑，最后甚至认为这壶水也许根本就不值得烧……一个能够把水烧开的人，一定经过了寂寞、艰难和挫折，尤其是烧到 60℃以后的艰难往往令无数人无功而返。所谓成功人士，无非是把一壶水烧开了而已。

不过，在这个社会中，"生活在别处"的人太多，想要去烧下一壶或者看到别人烧开了也想跟着烧别人的那一壶的太多，真正能够坐得住冷板凳，把自己的专业做到精进的却很少。

一位富有的农场主在巡视仓库的时候，不慎把一块极为昂贵的金表掉到仓库里，他在偌大的仓库中怎么也找不到。于是召集全村的人来翻找，并许诺找到金表者会得到很多的赏金。但是谷仓里到处都是粮食和大批的稻草，要在这当中寻找一块小小的手表，如同大海捞针。大家把库房翻了个乱七八糟，还是没有找到。

天黑了，大家带着失望的表情，拖着疲惫的身子纷纷离开了。只有一个小男孩儿，还在坚持不懈地寻找。夜深了，小男孩儿在安静下来的仓库中听到了一种极其微弱的"嘀嗒、嘀嗒"的声音，他停下所有的动作，凝神静听，那个声音就更加清晰了。小男孩儿灵机一动，顺着声音，很快就把金表给找到了！

日趋进步的社会，带来日趋繁复的各类资讯，甚至连带的人与人之间的关系也变得日趋浮躁，许多人认为想要成功，就得在这些复杂的障碍中开辟出一条清晰的道路，方便自己行走。于是，热血沸腾地、处心积虑地打通这一条大路。正如故事中众人纷乱地寻找手表一般，将整个谷仓折腾得翻天覆地，沸腾不止，终究找不到那块小小的手表。其实想要找到那块手表很简单，只有一条，专注并保持心里的宁静。正如故事中的那个小男孩，专注于寻找手表，不放弃，在谷仓中，他的心安静下来，集中精力去倾听那个微弱的声音，最终找到了手表。

小学课本上有一篇文章叫作《小猫钓鱼》，老师总是会问："小花猫为什么没有钓掉到鱼呢？"小朋友们异口同声地回答："它没有专心去钓鱼，在钓鱼的时候它在玩儿。"这样一个非常简单的道理，小学生都知道，为什么身为成年人的我们却悟不到呢？我们就像那只小猫，在钓鱼的时候，被那些蝴蝶、蜜蜂、花草所吸引，加之钓鱼要静坐很枯燥，很多人的心浮躁起来，不能专注于钓鱼，最终在别人收获的时候，我们也只有羡慕嫉妒恨的份。

没谁有义务帮助你，你的一切最终靠你自己

我们不能总是依赖别人，把一切希望都寄托在别人身上。聪明人会依靠自己解决问题，因为他们知道别人只能帮一时却帮不了一世，靠人不如靠自己，最能依靠的人只能是你自己。

在我们的生命旅程中，常会有陷入各种危机的时候。而要渡过这些危机，不要总想着依靠别人，或者奢望富人能够施舍一些东西给你，那只是暂时的帮助，治标不治本，要彻底摆脱卑微的命运，还要靠自己，要学会自己拯救自己。

有一个年轻人在路上走着，突然天下大雨。这个年轻人于是就跑到屋檐下躲雨，这时他看见观音打着雨伞悠闲地从雨中走过。年轻人对打着雨伞的观音说："观音度我一度。"意思是要观音手中的雨伞。观音说："你在屋檐下，我在雨中，谁度谁呀！"年轻人听观音这样一说，就从屋檐下走入雨中，对观音说："现在我也在雨中，请观音度我一度"。观音说："你在雨中，我也在雨中，只不过我手中有伞，你手中没伞。你应该要伞度你，而不是叫我度你。"这个年轻人听后非常郁闷，淋着雨回家去了。

后来他碰到难题，跑到庙里去求观音。正想磕头的时候，看到前面有个女人也在拜观音。年轻人看这个女人很像观音，越看越像，于是他走近问道："你是不是观音？"那人回答道："我是观音。"年轻人问："你为什么要拜自己？"观音说："人有难事，我也有难事，我现在也遇到难事，我该求谁，求佛是吧？可是我一想，求人不如求己，于是我在这里要拜自己。"年轻人听后恍然大悟，立即跑了出来，想办法自己解决了遇到的难题。

就像故事中那个年轻人一样，生活中有很多人在思想上都有一个很大的谬见，他们总是觉得自己可以永远从别人的帮助中获益。小时候，他们依靠父母，依靠师长，步入社会之后，他们依赖同事和朋友。细细想来，假如一个人自己不能堂堂正正地站起来，遇事处处依赖别人，那将是一件多么可悲的事情。

林梦然去年刚刚大学毕业，参加工作后，因为年轻有活力，她的到来让昔日里死气沉沉的办公室变得热闹起来，特别是那些年轻的男同事有事没事总爱跟林梦然开开玩笑，争着帮她买午餐、打水，甚至帮她完成手头的工作。可以说，林梦然每天在办公室既安逸又舒适，时间长了，她对别人产生了一种强烈的依赖心理，遇到事情总是想要别人帮忙。

一次，她随办公室主任到上海参加一个会议，临场前 40 分钟主任突然交给她一份资料，让她必须在会议开始前把材料内容梳理出来，制成一张简单明了的表格。林梦然一听头都大了，以前制表格，自己从来都是依赖办公室的那些"护花使者"，现在到了非得自己上战场的时候，却不知道从何做起。很简单的一张表格，林梦然在电脑前摆弄了半小时还没有搞定。看着她狼狈的样子，主任的脸黑了起来，对林梦然的印象也大打折扣。

林梦然处处依赖别人，使得自己缺乏锻炼，导致能力不足，最终害了自己。所以，生活和工作中，我们不能总是依赖别人，把一切希望都寄托在别人身上。聪明人会依靠自己解决问题，因为他们知道别人只能帮一时却帮不了一世，靠人不如靠自己，最能依靠的人只能是你自己。

另外，总是依赖别人，会让人变得不自信，越来越懦弱。如果你事事依赖他人，那么你将永远坚强不起来，更重要的是，你会失去自己的创造能力。一个人，要么抛开身边的"拐杖"独立自主，要么埋葬雄心壮志，一辈子老老实实做个普通人。而真正心存大志的人，是不屑于在别人的庇护下生活的。

李嘉诚童年过着艰苦的生活，他 14 岁那年，正逢中国战乱，他随父母逃往香港，投靠家境富裕的舅父庄静庵。但不幸的是，不久他父亲因病去世，家庭失去了顶梁柱。为了帮助李嘉诚一家，舅父决定让他进入自己的公司上班，可是李嘉诚认为这样做的话，自己就会失去锻炼的机会，于是他谢绝了舅父的好意。

为了养家糊口同时又不依赖别人，李嘉诚决定靠自己的能力找工作，他先在一家钟表公司打工，之后又到一家塑胶厂当推销员。由于勤奋上进，业绩突出，他深得老板的赏识，两年之后就升为总经理，那时，他只有 18 岁。

李嘉诚没有依赖舅父，而是依靠自己的不断奋斗，走出了一条更加宽阔的路。这个世界上，没有比自立更有价值的东西了。如果你总是想着从别人那里获得帮助，你就难以挖掘自己的潜力，提升自己的能力。一个人只有依靠自己，独立自主，才就会变得日益坚强。

你学会了积极付出，便能享受追求成功的过程

付出本身就是一种回报，是一种快乐的享受。在我们的生活中，懂得付出的人生活得才会幸福，对快乐的体会才真切。

人生中的痛苦只是我们生命舞台上插播的一条广告，不要让它成为我们生活中的全部。我们的生命原本就是一个动态过程，勇于接受在我们身上发生的一切其实是一种智慧。接受无常并不是悲观地认识这个世界，因为我们失去的，也有可能再次获得。生命中的无常告诉我们，生活具有无限可能，所以我们要积极地付出，但是却不能强求什么结果。

大多数人付出的时候想到的往往是结果和回报，但是这些人不知道，付出本身就是一种回报，是一种快乐的享受。在我们的生活中，懂得付出的人生活得才会幸福，对快乐的体会才真切。

1958 年，一位刚刚 20 岁出头的小伙子满怀豪情只身从上海来到香港，他希望自己能够创出一片属于自己的新天地。但是现实却不是他想

象的那样，由于当时的他既不会说广东话又不会说英语，所以哪个公司都不愿意雇用他。最后为了生存，他只好当了清洁工，工作不但累，而且很脏，每月的薪水只有60元，而其中的40元要花在每天的交通上。

假如换成另外一个人，难免会产生这样的想法："付出这么多，最终得到的却这么少，太不划算了。反正不过是一份临时性的工作，没有什么好结局，不如马马虎虎应付算了。"但是这个小伙子却没有这么想，他没有抱怨什么，而是依然每天朝气勃勃地忘我付出，勤奋地工作着。

当时公司规定每周上班5天，周六、周日休息。但是他发现每逢周六、周日这两天都有人加班，因为没人打扫清洁，所以公司的卫生环境变得非常差。为了给大家营造一个良好的工作环境，小伙子每个周末都会主动加班，照常打扫卫生。公司的任何一个人都没有要求他这么做，老板更不会给他加薪水，但是他却一点儿也不计较，持之以恒地坚持着自己的付出，他觉得让公司的工作环境保持整洁是自己最大的成就。

有一天，公司老板开始注意起这个对工作主动付出却从不强求结局、不计较报酬的小伙子。后来，老板将他从清洁工的岗位上调到了办公室，负责处理一些日常杂事。工作环境变了，但是小伙子享受付出的心态却没有改变，还是整日乐呵呵地做事情，默默地付出，从来不去想最终能不能获得好的结局。这样良好的心态再加上他本身的能力，渐渐地，他被老板提升为文员，经理，一直到公司的副总。

后来他又凭借着自己的实力和享受付出不求结局的心态和精神，在地产业、酒店业闯出了一片天地，成为著名的企业家，成为拥有几十亿资产的富豪。成为富豪之后，他依然以付出为快乐，为慈善事业尽心尽力。他先后投资20亿元兴建了深圳彭年广场和五星级彭年酒店。他满怀激情地说："这座大厦是我用真金白银建出来的，一不用还贷款，二不用欠利息，我还预留了一部分后备资金。这座大厦就是母鸡，我把它的全部利润永久性地捐给社会。"此后，他还决定捐出身后所有的家产，不给儿孙继承。2007年，中国慈善榜上他位居首位，4年捐赠了20亿元。

他就是慈善企业家余彭年，又名彭立珊。香港媒体曾这样评价他：余彭年的非凡人生，是付出却不强求结局成就的人生，也是享受付出的人生。

在我们的生活中，能够享受付出的人生，往往就是能够获得较大成功的人生，也是能够获得更多幸福的人生。不强求结局的付出，往往会获得好的结局，好的收获，收到意想不到的回报。

帕德雷夫斯基是波兰著名的钢琴家，有一年，他去美国进行巡演，计划举办117场音乐会。当时，美国斯坦福大学也向他发出了邀请，有两个学生联系了帕德雷夫斯基的经理人，经过商议之后，他们敲定举办一场校内音乐会，帕德雷夫斯基的出场费用为2000美元。

因为听众是大学生，都没有什么经济来源，所以那两名负责筹办音乐会的学生四处筹钱，最终却只凑了1600美元。两个小伙子不好意思地拿着这些钱找到了帕德雷夫斯基，向他讲了筹钱过程中的艰辛，并写了一张400美元的欠条，承诺以后会想办法把钱补齐。帕德雷夫斯基接过欠条之后却把它撕掉了，并把那1600美元交还给了学生，说："你们也付出了努力，这是你们应该得到的费用。请你们放心，我会如期演出的。"

很多年以后，帕德雷夫斯基当选为波兰总理，当时正值第一次世界大战结束不久，他面对的是一个饱受战争破坏的国家，人们最基本的温饱都成了问题。但是有一天，在波兰方面没有提出任何援助请求的情况下，数千万的食品从美国运到了波兰。后来有一次，帕德雷夫斯基在巴黎访问时，恰好遇到了也在巴黎访问的美国总统胡佛，他向胡佛总统表示感谢，感谢美国人民的无私援助。"这是我们应该做的，帕德雷夫斯基先生。我知道你们那里很缺粮食，而且你可能不记得了，但我却无法忘记当年我们在困难的时候您给我们的慷慨帮助——我就是那所大学筹办音乐会的两名学生之一！"胡佛总统激动地回答道。

当年积极的付出，没想到在多年之后收到一份意外的回报，这是帕德雷夫斯基绝对没有想到的。所以在生活中，我们也应该积极地付出，不要总是想着最终的结局是什么，不要总是计较别人的回报。因为懂得付出的人，终会收获美好。

第三章

你学会了品味挫折，就能"舞"出别样人生

人生道路上，我们都不可避免地会遇到些挫折。面对挫折，我们难免会苦闷，会生气。对于我们来说，这样没有必要，因为挫折是成功道路上对我们的考验，我们只要学会了品味挫折，就能有好成就，就能"舞"出别样人生。

你不怕了，苦难就能成为你的财富

经历过苦难的人，大多心智坚强，他们在挫折面前从来不会悲观，更不会怨天尤人，这些人会选择咬牙坚持下去。这样一来，命运往往会给予他们成倍的补偿。

人生在世，很多人都渴望回避苦难，觉得苦难是人生中的大不幸，它让自己的生命轨迹变得坎坷起来，让自己劳心劳力，让自己的起跑线远远低于别人。其实一帆风顺的人生固然让人羡慕，但很多时候，苦难才是人生中最大的财富。

有个小和尚从小出家，很勤快，慧根也很深。有一天，他发现寺庙中其他的和尚生活得都很清闲，唯独他总被禅师安排做事，一天到晚忙个不停，连一点儿休息的时间都没有。虽然别的小和尚也会被安排下山采购，但是他们去的地方距离近，而且路途平坦，想要购买的东西分量通常也很轻。禅师唯独要求他去很远的集镇，走崎岖的山路。

就这样，10年的时间过去了，小和尚一直觉得自己生活在苦难中，老禅师总是故意为难自己，对自己非常不公正。一天，小和尚找到了禅师，问道："师父，为什么您总是让我忙个不停呢，让我经历了这么多的苦难，却让别人那么逍遥自在？"禅师听了之后笑而不语，而是将小和尚带到了庙门前，正好那些去近处买米的小和尚赶回来，禅师问他们："我一大早就吩咐你们下山买米，路这么近，又很好走，怎么却回来得这么晚呢？"那几个小和尚见师父这么问，觉得很奇怪，回答说："我们边走边聊，以往都是这样的。"

老禅师转过身子来问小和尚："寺庙之外的集镇很远，山路又崎岖不平，你肩上的东西分量也很重，怎么却回来得这么快呢？"小和尚回答道："正因为距离远，山路崎岖不平，所以我会全神贯注地赶路，才能提前回到寺中。"禅师听了非常高兴，点头称赞说："道路坎坷，任务繁重，这样的经历才会磨炼一个人的心志啊！"

10年之后的小和尚果然成就了大业，他历经磨难从印度取回了真经，这个小和尚就是佛学大师玄奘。

可见上天想要一个人建功立业的时候，一定会先让其经历种种苦难，以此磨炼心智。很多时候，历经苦难的人生最终会是成功的人生，正因为有了苦难，使得人们无所畏惧，学会了坚持不懈。对这些人而言，苦难是人生最大的财富。

经历过苦难的人，大多心智坚强，他们在挫折面前从来不会悲观，更不会怨天尤人，这些人会选择咬牙坚持下去。这样一来，命运往往会给予他们成倍的补偿。所以当苦难与你不期而遇的时候，尽管你可以寻找很多理由，说服自己选择懦弱和逃避，但是要知道的是，在苦难面前软弱的行为不仅不会解决问题，还有可能让自己失去奋发向上的勇气。苦难是人生最大的财富，遭遇的时候不妨微笑着面对。

有一个女孩出生于1940年6月23日，父母都是美国田纳西州平凡的铁路工人。她小时候因为肺炎和猩红热引发高烧造成小儿麻痹，使得她的左腿萎缩无法走路，必须依靠铁架矫正鞋才能勉强行走。为了使自己能够像正常人那样，她从小就开始抛洒着汗与泪……即使是没走几步就会摔倒，但摔倒后却会坚强地笑着站起来，她从不放弃！

经过痛苦的训练，11 岁那年，她第一次脱掉了铁鞋，打着赤脚跟她的哥哥们打篮球玩耍。12 岁她已经完全摆脱铁鞋。于是，她凭借着自己的顽强开始了对体育项目的艰苦练习，即使一次次的受伤，一次次的哭泣，但她从未低头……

她的地狱式的训练和钢铁般的意志，为她换来了 1960 年罗马奥运会田径赛中的 3 枚金牌。1983 年，她入选美国奥运名人堂，1993 年被授予美国体育奖。她是一个奥运传奇——威尔玛·鲁道夫！

威尔玛·鲁道夫的经历告诉我们，人生中倘若没有冬的严寒，又哪有梅的含香艳放？若没有鲁道夫对疾病的顽强抵抗，又怎么会有属于她的奥运传奇？是苦难让她厚积薄发，在奥运史上创造了不朽的奇迹！

生活就像变化无常的天气，有时候是阳光普照的幸福，有时候则是乌云密布的阴沉。当我们面对苦难的时候，千万不要选择逃避，更不要自怨自艾，要了解人生的苦难是财富，要学会用微笑叩开生活之门。假如我们用悲观的眼神注视着充满阴霾的天空，躲在角落里用悲伤的泪水浸泡着流血的伤口，那么我们就关闭了幸福的大门，未来的生活就毫无乐趣。

你的心态阳光了，失败的颜色也变得可爱起来

对人生当中遇到的失败，我们不需要总是用气愤沮丧的心情来看待，要知道在这个世界上，没有绝对的失败，当我们坚持用良好的心态去看待它的时候，我们就会发现，在失败的背后，有可能会是一片明亮的天。

尼采有句名言：任何不能将我毁灭的东西，都会使我变得更强。伟人就是伟人，有一种我们常人难以企及的精神，只要从中吸取一点点的智慧，也能让我们在工作和生活当中获得巨大的动力。在我们面对失败的时候，也就不会一味地生气和哀叹了，要知道，失败虽然让人难受，但是在它的后面，只要我们能够及时地调整好心态，那么我们就可以改变它的颜色，为自己创造一个五彩缤纷的世界！

在生活和工作当中，每个人都不希望自己遭遇失败，希望在漫长的人生道路上能够心想事成，顺利地走到人生的巅峰。但是，这样的想法只能成为一种美好的期盼，在前行的道路上，每个人都会不经意间邂逅失败：有的人站在这条路的起点，抬头观望一下就放弃了；有的人却毅然地跨出脚步，即使被荆棘弄得伤痕累累，也不曾自暴自弃，只会越挫越勇，一次次失败，又一次次地总结，最终让失败变了颜色，成为培育成功之树的沃土。后一种人就是我们眼中的"成功人士"，追溯他们成功的脚步，我们会发现，失败几乎是他们人生当中的必修课。

对人生当中遇到的失败，我们不需要总是用气愤沮丧的心情来看待，要知道在这个世界上，没有绝对的失败，当我们坚持用良好的心态去看待它的时候，我们就会发现，在失败的背后，有可能会是一片明亮的天。

有一家绿色科技有限公司的老总，在和一家酒店做生意的时候，主动地承担了1000元的损失。没想到这个在大家看来是个错误的决定，后来却为他带来了10万元的生意。

最初，这位老总和一家酒店联系了一笔业务，当时酒店要购进一套地毯清洗设备，整套设备的价格为1万元。各项手续都办好后，老总将设备托物流公司运送给酒店，但是没想到，酒店在收到设备之后，声称设备在运输途中已经损坏了，不能使用，要求老总无条件退货。老总随后派公司员工前往查看，得知这套设备是在酒店组装的时候他们不小心自己弄坏的，要修好需要1000元。那家酒店不想承担这个责任所以才要求无条件退货。在外人看来，这不就是一笔失败的买卖吗，原本自身一点儿责任也没有，最后反被别人抹得一身灰，说都说不清楚，谁遇到都会大发雷霆。

老总却并没有生气，而是非常冷静地想了想，觉得失败中还有转机。他决定维修费用全部由自己公司出，并让员工修好设备，直到那家酒店满意为止。

后来，那家酒店需要更新其他的清洗设备，第一个想到的就是这位老总的公司，一次性定了10万元的清洗设备。

我们想一想，假如老总在所谓的失败面前大发雷霆，甚至进行反击，一点儿小亏也不肯吃，那么会有后来的10万"福利"吗？老总在失败面前的心态是淡定的，能够看到长远的将来，所以他最后得到了更多的回报。

所以，在我们的人生之路上，面对突如其来的失败，不妨抱着"吃亏"的心态来面对，有句话说得好，吃亏是福。其实遭遇失败也未尝不是一件幸运的事，因为从失败当中，我们能够总结出宝贵的经验和教训，这些都是在平常舒适的日子当中得不到的。

有些人总是不想吃亏，不想遭遇什么祸端，在失败到来的时候，就大发雷霆，迫不及待地下结论，采取措施，试图立即把眼前的逆境扭转。但是，心是慌的，手是忙乱的，在这种情况下，要想扭转局势，最后的结果可想而知。这就好比打碎了一个花瓶，不知道该怎么向父母解释。有的人绞尽脑汁，想找一个非常合理的理由，好让花瓶打碎的结果看上去和自己一点儿关系也没有，但是最后的结果往往都会弄巧成拙。为什么呢？道理其实是一样的，人在焦虑紧张的情况下，思维乱如麻线，不管怎么做都会露出一些痕迹，只有像上面的公司老总这种遭遇到挫折心态淡定的人，才能让自己走出挫折之后的困局。

比如领导布置下来的任务太多，我们即使竭尽全力也没有做完，最后被认为无能，被辞退了，明天的工作在哪里呢？但是，只要我们换一下思维，调整好心态，眼前的景象可能就会变成另一种了：领导之所以给我们安排那么多的任务，说明在领导的眼中，我们的能力是非常强大的，他把我们辞退，是他的损失，凭借着我们的能力，一定能找到一个更好的工作。

失败不一定是绝对的"祸"，当我们在面对失败的时候，一定要让自己的心态像塞翁一样，然后思考有什么样的办法，可以让眼前的挫折转化成"福"呢？

无休止地抱怨，只会让你在挫折中越陷越深

生活不可能总是一帆风顺的，当不幸降落在你身上的时候，如果不是选择积极地面对，而是选择了不停地抱怨，那么，从此你就会踌躇不前，不思进取，心情也会一落千丈，随之，不幸将会变本加厉地找自己的麻烦。

假如细细研读马云的人生，就会发现在前37年里，他的人生始终充斥着两个字：失败。但是，从37岁之后，他突然就飞黄腾达了。对于这

种奇迹般的逆转，很多人都觉得不可思议，认为马云之所以发达，完全在于他的运气回来了。其实将马云在37岁之后的发迹简单地归结为运气是非常不严谨的，细细探究，我们会发现在运气之外，马云之所以能够成功逆转，秘诀其实可以概括为4个字：永不抱怨。

其实，不仅仅是马云，"永不抱怨"几乎成为成功人士的代名词，而不抱怨更是他们共同的人生修为。这些人认为无休无止的抱怨只会令人滋生怒气，渐渐地失去斗志，在挫折的泥潭中越陷越深。所以面对挫折，他们从来不会长久地抱怨什么。

曾经，著名作家六六和他的投资人吕超之间发生过这样一件事情：当时，六六和吕超合作的初期，先是签了电视剧《宝贝》，交了两集半剧本后，六六又要改写《心术》了。吕超二话没说，撕毁合同重签。《心术》小说在写作过程中，由于导演从来没有和吕超合作过，当然对他心存疑虑，便要撤销与他的合作。谁知，面对这样苛责的条件，吕超居然点头同意。当时六六要退给他预付款，但是吕超却说不用，说迟早会合作的。

六六曾经不好意思地跟他道歉，谁知，吕超这样回答："我的工作就是解决问题，没有问题我就心慌。你有任何问题，都可以交给我。"整个交往过程中，六六发现，吕超是这样一种人：从不抱怨。

这是一种修为，更是一种境界，要成就大事，不仅要能屈能伸，还要任劳任怨，可以经受生活的折腾。

曾经，一位装修的师傅遇上了一个比较难缠的客户。在装修之前，师傅曾经和主人沟通过什么样的风格，但是，当装修进行到一半的时候，主人开始后悔了，表示自己又不喜欢这种风格了。结果，装修师傅竟然比主人还平静，直接询问主人喜欢哪种风格，主人感觉非常不好意思，想了想决定算了，再重新换风格，太麻烦。但是装修师傅却说，难得装修一次，要用好多年，别凑合。如果自己不喜欢，没关系，再重新来。后来，房子装修好后，主人并没有多花钱，同时对装修也很满意。其实，在中途时刻忽然改变主意，装修师傅本来可以有充足的理由抱怨，但是他没有，不但没有抱怨，更是积极找寻解决的方法。由此看来，一个人的修为不在职业、学历，而在自己的心中。而且，每当这个装修师傅遇到好的创意、亮的点子，一定要收集起来的。后来，他终于从一个小个体成为一个著名的企业家。

与其将时间花在抱怨上，不如自己淡定心神，将精力用在进步上，这才是成功的秘诀。其实，生活本身就是一面镜子，你对它笑，它也会对你笑；你对它哭，它也会对你哭；而如果你对它抱怨，它同样也会对你抱怨；假如你恼怒地把它摔成碎片，那么它就会回报给你无数怒气冲冲的脸……

要知道，生活不可能总是一帆风顺的，当不幸降落在你身上的时候，如果不是选择积极地面对，而是选择了不停地抱怨，那么，从此你就会踌躇不前，不思进取，心情也会一落千丈，随之，不幸将会变本加厉地找自己的麻烦。

抱怨，或许是一件最简单的事情，特别是自己在面对不幸的时候，相信总会有无数抱怨的理由。但是，最本质的事情没有办法改变，因为抱怨并不能解决问题，更不可能把你从不幸中解救出来，虽然痛快了嘴，但是却只能让自己在泥潭中越陷越深。

当生活中遇到问题的时候，不要总是习惯于用抱怨发泄内心的不满。我们应该冷静地分析形势，调整心态，然后认真地寻找解决问题的方法，这样才能避免深陷于泥沼中，与其在抱怨中碌碌无为，倒不如积极解决问题。要知道，一个积极的想法，一个果断的行动，远胜于毫无意义的抱怨。

拒绝抱怨是一种修为，一种自我提升的方法。假如你失业了，那么抱怨只会让你远离下一份工作，还不如淡然接受这个结果，学会从失败中吸取教训，找寻经验，何愁不能东山再起；假如你做生意赔钱了，抱怨只会让事业继续远离你，还不如淡然接纳这个事实，重新奋斗，迎接事业的辉煌；假如你得了重病，那么抱怨只会继续糟蹋你的心情和健康，还不如面对现实，以积极的心态全力恢复健康……

这个世界上没有一种生活是完美的，更没有一种生活会让一个人完全满意，不如意会随时光临，如果我们一味用抱怨对待它，那么自己将永远没有好日子过，无法看到成功和希望，而如果将抱怨演变成一种习惯，那么不幸只会在你这里继续繁衍下去。为了避免生活从此掉进"苦海"，我们不妨拒绝抱怨，努力修炼自己，在坎坷中一路成长，直至成为参天大树。

你要想开点儿，因为事情原本可能更糟糕

想得开，人的眼睛就会盯着光明的地方，就不会被阴霾弄坏了心情。想得开，生活便是天堂。

人的一生，不如意事常有八九。换言之，也就是"想不到""想不开"之事常有八九。当一件事情的发展、结局与你的初衷、愿望相违背

的时候，或者当你陷入山重水复之时，旁人常用一句话来开导你——"想开点儿"，也就是这普普通通的三个字，会引导你看到柳暗花明之境。不管这句话出自谁之口，是智者的开导，还是凡人的劝慰，都含有人生的哲理。

造成生活中这"不如意"的发生，无外乎要么是自己的力量所不及，要么是客观条件所不允许，致使人们本来想走进这间屋，却踏进了另一间屋。此时，想得开的人会适时调整自己，自省自励，顺时而谋；想不开的人则怨天尤人，陷入苦闷、烦恼、消沉的泥潭之中。从这个意义上说，人生的过程也可以说是不间断的"想开点儿"的过程。

有一个单身汉，他和几个朋友住在一起。他们住在只有七八平方米的小屋里，每天进进出出很是拥挤，也会经常因为小事而搞得大家很烦恼。后来有一次因为上班时间比较集中，大家都着急出门，发生了争执。

其中一个人就愁眉苦脸地去找禅师诉说。"禅师，朋友们在一个屋子里住，那么多人同时活动，连转个身都成了困难的事情，生活根本就没有可乐的事情了。"禅师点点头，说："朋友们在一起这么不便，但是还是有其好处的，至少可以随时交换思想，交流感情，难道这不值得高兴吗？"这个人点点头，说："是啊，我们在一起交流的时候也是很快乐的，尤其是感觉臭味相投的时候，真是人生逢知己啊。"于是这个人快快乐乐地回去了。

过了一段时间，朋友们一个个相继成家了，先后搬出了小屋，最后只剩下这个人了。相对而言，生活空间变大了，但是他还是很忧愁，于是他又跑去找禅师。"禅师，我现在一个人住，根本不会有转不过身的尴尬了，可是一个人的生活很孤单啊，感觉生活还是继续不下去了。"禅师笑呵呵地说："人不光可以与人为伴的，孤独的时候书是最好的朋友。"

那个人突然想到自己其实是很喜欢看书的，那时候自己每天都沉浸在书中的世界，即使不和人讲话，他也会觉得很开心。于是，这个人每天孤独的时候都看书。

几年后，这个人也成了家，搬进一座大楼里，这座大楼有七层，他家在一层。有时候上面的住户会泼水下来，还有时候会扔垃圾下来。这个人每天在这样的环境下生活自然又不开心了，于是他又去找禅师。禅师说："你住在楼下就没有好处吗？"那个人说："有呀，进门不用爬楼梯，朋友来访也容易，而且可以在门口的空地上种一些菜、养一些花呢。"正说着，这个人又想到了前几天楼上的邻居因为不小心从楼梯上滚下来摔伤的事情，觉得自己住在一楼也挺好的，于是又开开心心地回家了。

人要有个好心情生活，就得能想得开。人在想得开的时候，心自然是敞亮的，什么都看得清楚明了，什么也都问心无愧了。正如这个人，想开了之后发现生活是美好的，而自己想要的生活不就是开开心心地生活吗？想得开，人的眼睛就会盯着光明的地方，就不会被阴霾弄坏了心情。想得开，生活便是天堂。

人从生到死，要经历许多的磨难，有身体的、经济的、事业的、感情的，还会经历许多成功，也会表现在生活的方方面面。面对这些起伏甚至有时的大喜大悲，有个好心态非常重要。看得透、看得开、拿得起、放得下的心态，当然是最高境界，但有多少人能做到呢？那么，"想开点儿"，"开"要在何处呢？开，要在对事物态度的把握上。遇事保持一个平常心，一个好心态，真的很不容易，而怀有一颗容纳的心就更不容易了。

有一个学生，整天抱怨，不是觉得生活平淡没有好玩儿的，就是觉得学习太辛苦不爱学习，要不然就干脆说睡觉睡不着总是觉得不顺心。他的师父看在了眼里，便叫这个学生端来一杯水，一包盐。师父让学生把盐放在水里，然后说："你先喝一口，告诉我什么味道。"学生照做着喝了一口："呀！好苦……怎么可能是苦的呢？"

师父笑了笑，说："跟我来。"这个学生就很迷惑地跟着师父前去了。

师父把学生带到湖边："你把盐撒在这里面，再喝一口。"学生又照做了。师父问这个学生："什么味道？"学生满脸笑容道："很甜。"师父笑了，于是拉着学生的手，轻轻地说："人生命中的痛苦是一定的，但是决定痛苦的程度不取决于痛苦的大小，而是容纳痛苦的大小。凡事想开点儿，用这满湖水的胸怀来容纳世上的痛苦，那么你将不觉得生活烦恼痛苦。"

人生不过几十年的时光，与其郁郁寡欢地度过一生，倒不如凡事想得开一点儿，看得淡一点儿。当遇到令你生气的事情时，学学弥勒菩萨的包容和放下，使不快之气消失在忍耐与宽容之中。坦然地面对人生的不幸和磨难，你自会活出另一番人生的境界。

人生的意义，并不单在于地位有多么显赫、物质有多么富足，重要的在于活得对得起自己，对得起他人，对得起国家，能够做到问心无愧。抱着这样的人生目的，就不会为眼前的失意所缠绕。脚下路千条，何必想不开？

你足够乐观了，就没有治愈不了的伤痛

生活中的强者，需要掌声来鼓励，需要鲜花来祝贺。生活和工作当中，个人遭遇的挫折和失败会有很多，这个时候就需要人们为自己鼓掌，让自己在掌声中获得乐观的心态，这样才能在失败面前坚定前进的脚步。

　　众所周知，一个硬币有正、反两面，其实我们在身处逆境的时候，心态也存在着正、反两个方面——积极乐观、豁达大度、希望等，这些阳光的心态代表着正面；愤怒、消极自卑、绝望堕落、忧郁等则代表着心态的反面。假如让你从中选择一面，你会选择正面还是反面呢？毫无疑问，智慧的人会选择乐观的生活和工作态度，以此为良药，在治愈逆境所带来的伤害的同时，让自己活出一份悠然自得。

　　有一个女孩，出门的时候自行车坏了，她推着车子来到一个修车摊前，站在一旁等着修自行车。就在不远处，还有一个修鞋子的摊位，修鞋师傅见女孩站在那儿，就和她说话，"小姑娘，你看看你的鞋子，应该修一修了，脚后跟磨得都成'斜跟'了，趁着你等修车的时间，脱下来我给你修一下。"女孩很受感动，于是坐在修鞋师傅前面的小板凳上，脱下鞋子让师傅修起来。

　　修鞋师傅非常健谈，一边修鞋一边和女孩说话，说这鞋子磨成这个样子，要是再不修的话以后会成为什么样子，鞋垫要垫多厚的才合适，怎么粘胶怎么钉鞋钉，等等，反正让女孩觉得修鞋也是一门大学问。尤为让女孩惊讶的是修鞋师傅对生活的乐观精神，他一点儿也没有因为从事修鞋这个行业而感到低人一等，继而对生活郁郁寡欢。女孩问："你很喜欢现在的生活吗？""喜欢啊，虽然在一般人眼中，我们修鞋子的不怎么体面，但是我却热爱自己的这份工作。你想一想，要是这个世界上没有我们修鞋的，能行吗？自从我开始摆摊修鞋之后，我才知道，这个世界上竟然有这么多的鞋子，我的生活也因此感受到了无限乐趣。""一种乐趣？"女孩似乎很难理解，因为她看到了修鞋师傅指甲盖里塞满的黑泥，而且每个手指头上都有很多干裂的口子，她穿在脚下踩来踩去的鞋子此时就抱在师傅的怀里，来回转动不止。

可是，就是这个在女孩眼中一直处于逆境中的修鞋师傅，他的一言一行中都没有阴暗消极的影子，满脸阳光，他对生活的热爱是女孩想象不到的。女孩的鞋很快修好了，她把鞋子穿在脚上的时候，还问师傅："你不觉得这样的生活很辛苦吗？"他哈哈大笑起来，说："我的生活一点儿也不苦，每天在这儿修鞋，对我来说是一种精神上的享受。而且我有收入，能靠此维持生计，这不非常好吗？"

修鞋师傅的心态是乐观的，尽管从事着被大多数人轻视的职业，在别人眼中正处于困苦之中，但是他却没有任何的气愤和怨恨，相反，他对自己的生活非常满意，用乐观开朗的心态看待自己所从事的职业，让自己生活当中处处享受着难得的快乐。

在这个社会上，每个人都希望自己生活得潇洒幸福，但大多数人却经不住别人的一句嘲讽，经不起一次挫折的考验，一旦身处逆境，就会因为愤怒而失去理智，这是为什么呢？究其原因，并不是因为这些人的能力有多么差，而在于这些人心态当中没有乐观的因子，以至于在他们眼中世界处处都充满了灰暗的色调！

那么我们需要怎么让自己时时处处保持乐观呢？其实方法很简单，那就是我们要学会为自己鼓掌。在生活和工作当中，我们不可能永远都是一个成功者，当我们在某一时刻失败了，没有人会为了鼓励我们而鼓掌。这个时候，我们应该怎么办呢？有哲人说，生活中的强者，需要掌声来鼓励，需要鲜花来祝贺。生活和工作当中，个人遭遇的挫折和失败会有很多，这个时候就需要人们为自己鼓掌，让自己在掌声中获得乐观的心态，这样才能在失败面前坚定前进的脚步。

有一位年轻的歌手，向自己的朋友抱怨说："为了唱好那首歌，我早晨5点多就起床练习，每天都是如此，不知道练习了多少遍，下了多少的功夫，流了多少的汗水，可是每次我站在舞台上演唱，台下的掌声总是不响亮。"

朋友听了之后，意味深长地说了一句话："别人不肯为你鼓掌，那你为什么不自己给自己鼓掌呢？这样一来，你既获得了掌声，又从中得到了鼓励，岂不是一举两得的事情吗？"歌手听了之后，最初觉得朋友是在说笑话，但是晚上睡觉之前，她又想起了朋友说的话，细细回味，觉得大有道理。从那以后，她每唱完一首歌，都在心中为自己鼓掌，冲自己大喊：我是最好的。最终这个歌手唱出了名气，成为一线歌星。

年轻歌手能够在内心为自己鼓掌，所以她能够时刻从掌声中汲取力量，在客观认识自己的基础上建立自信。为自己鼓掌，看似简单，做起来却并不容易。我们当中的一些人，总是会为一件事情得不到别人的承认而苦恼，却忽视了自己的力量，在属于我们的人生中，我们自己才是名副其实的主角。我们左右不了别人的双手，但是我们却能相信自己，不断地为自己鼓掌，为自己喝彩。

生活和工作之中，我们要想和乐观为伴，就需要学会为自己鼓掌，不管我们的处境多么艰难，都不要忘记在心里鼓励一下自己，为自己的坚持和努力鼓掌。这样我们才能时刻从中汲取精神动力，以此激励我们沿着既定的方向坚定地前进，最终攀登上人生的巅峰，拥抱幸福的未来。

积极地行动起来，你也会创造逆转的奇迹

挫折之后，我们不应当被愤怒冲昏头脑，自暴自弃，而是应该积极地行动起来，在一次次的行动中不断地发掘自身的潜能，点燃灵感，激

发一往无前的勇气。这样一来，任何挫折都会成为我们攀爬人生巅峰的"台阶"，会让我们一步步接近人生目标，最终实现人生价值。

当我们在生活中遭遇失败，千万不要自怨自艾，甚至被愤怒冲昏头脑，觉得这就是最终的结果，自此之后一蹶不振。要知道在这个世界上，只要我们不曾倒下，有勇气，有毅力，能够在失败之后爬起来，积极地行动起来，重新来过，那么失败不仅不是终点，还可能成为我们创造逆转奇迹的起点。

其实细细探究起来，我们会发现，很多人之所以在挫折面前出奇地愤怒，怨恨他人，抱怨自己，固然有一部分是对挫折本身愤怒，更大的原因则是对自己缺乏自信，对未来的一种恐惧。而那些成功的人，在挫折面前表现出足够的理智，他们往往能够在受到打击之后变得更加积极，通过一次次行动，实现由失败到成功的华丽逆转。

在体育运动历史上，跳远世界纪录曾经有过长达 23 年未被打破的纪录。而这项维持了 23 年之久的世界纪录，最后被一个名叫鲍威尔的人打破了。一时间，鲍威尔的名字响彻全球，大家在为他创造奇迹欢呼的同时，也对鲍威尔创造奇迹的历程充满了兴趣。

在打破世界纪录之前，鲍威尔已经在跳远运动场上征战了 11 年。在这 11 年当中，鲍威尔经历了很多的挫折，其中最遗憾的一次是在全美跳远冠军赛上，以仅仅相差 1 厘米的成绩和冠军失之交臂。但是鲍威尔没有被沮丧的情绪所打倒，在挫折面前，调整好了自己的心态，紧接着参加了当年的东京世界田径男子跳远比赛。

在这次比赛当中，鲍威尔的最大对手还是先前以 1 厘米的优势取得冠军的刘易斯。比赛一开始，两个人之间就展开了激烈的竞争，最后一个回合，刘易斯跳出了 8.91 米的成绩，已经超过当时的世界纪录 1 厘米了，这样的成绩让刘易斯兴奋得大呼，在刘易斯的心中，这次比赛的冠军已经是他的囊中之物了。但是让刘易斯大跌眼镜的是，鲍威尔紧接着跳出了 8.95 米的成绩，不仅打破了尘封 23 年之久的世界纪录，更创造了一个让世人惊叹的长度。鲍威尔得知自己的成绩之后，兴奋地绕着整个赛场狂奔了起来，直到整个人累得喘不上气来为止。

当大批记者涌到鲍威尔面前的时候，鲍威尔兴奋地说："每个人都知道刘易斯不可战胜，我也是这么认为的，在我的运动生涯中，在他的面前我遭遇到了很多的挫折。但是这次比赛，我只想拿到冠军，不管在我面前的是谁，我都要超过他。最后我成功了。一切都是有可能的，没有什么挫折不可战胜！"

鲍威尔的故事告诉我们这样一个道理：挫折面前，积极地行动，那么一切都有可能成真。在日常生活和工作中，大多数人总是习惯性地将目光落在挫折带来的痛苦和恐惧之上，却不知道，在看似让人愤怒和沮丧的挫折背后，还蕴藏着机遇。我们自身的潜能是无限的，而挫折则是激励我们挖掘出更大潜能的钥匙，一旦我们找到挖掘这种潜能的方法，就能抓住挫折背后的机会，让自身达到一个之前无法企及的高度。

那么在挫折面前进一步挖掘潜能的方法是什么呢？最简单的方法还是要积极地行动起来，正所谓"读书百遍，其义自见"，挫折之后，我们不应当被愤怒冲昏头脑，自暴自弃，而是应该积极地行动起来，在一次次的行动中不断地发掘自身的潜能，点燃灵感，激发一往无前的勇气。这样一来，任何挫折都会成为我们攀爬人生巅峰的"台阶"，会让我们一步步接近人生目标，最终实现人生价值。

在很多时候，我们必须明白，挫折有两个面孔，一些人在挫折面前只看到它让人愤怒伤心的一面，一些人却看到它磨砺人意志令人爆发出巨大潜能的一面。所以对我们而言，遭遇挫折，是一种艰辛，也是一种机遇，只要我们坚持向前的脚步不停歇，积极地行动起来，那么在我们走过最初的困境之后，我们在猛然抬头时就会发现，曾经充斥着昏暗的天已经变得分外明朗了。

你能忍辱负重，才有资格走上成功的道路

许多时候，为了达到目的，实现理想，需要我们忍辱负重。假如我们不能忍受，和别人争吵甚至针锋相对，只会徒然耗费时间和精力，绝对是得不偿失的。

人生之路不可能总会一帆风顺，一个人总会碰到被人嘲讽侮辱的时候，这个时候，有的人为了尊严针锋相对，有的人则忍耐下来。其实很多时候，为了实现我们的人生目标，我们需要忍辱，需要背负沉重的压力继续前行。立志高远，还需学会忍辱负重，这样才会最终实现我们的人生目标。

在印度，有一位禅师是绘画的高手，他的画惟妙惟肖，却贵得出奇。同时，他还有一个习惯，就是要先收钱再作画。有一天，一个女子找这位禅师作画。禅师问："你能付多少钱？"女子回答："你要多少就给多少，但要在我家当众作画。"禅师答应了，如约而去。

那女子正在家中宴请宾客。禅师当众画完画之后，拿了酬劳正想离

开，那女子却对宾客说："这位画家只知道要钱，画虽好，其中却透露出金钱的污秽，这种画是不宜挂在客厅里的，它只配用来装饰我的裙子。"说着便将自己的外裙脱下，当众要禅师在上面作画。

禅师不动声色地问道："你能付多少钱？"女子回答道："随便你要。"禅师要了一个比刚才高一倍的价钱，然后平心静气地在那女子的裙子上作画，画完之后拿上钱又若无其事地离去。

众人提说此事都非常纳闷："这个禅师衣食无忧，为什么如此看重金钱？只要给钱，好像受任何侮辱都无所谓，真是不可思议！"多年后，大家才知道原因。原来，这个禅师居住之地常发生灾荒，那些有钱的富人不肯出钱赈灾，因此他准备建造一座粮仓，以备不时之需。除此之外，禅师还想完成他师父的遗愿——建造一座寺院。他又不愿一味地等待他人的布施，只好作画筹集资金。心愿完成之后，他便退隐山林，不再作画了。

无疑，故事中的禅师，明确知道自己作画的目的。因而，即使那位请他作画的女子当众侮辱他，他依然泰然处之，以自己极高的修养容忍他人对自己的侮辱，只是为了自己的理想。

诺贝尔和平奖获得者，南非黑人领袖纳尔逊·曼德拉是一位国际政坛的风云人物，他一生都致力于反对种族歧视政策、推进南非民主进程的斗争，因此遭到当局监视而被捕。坐牢 27 年，斗争一刻也没有停止过。他说，之所以为民族自由和平挺身而出，"不是受到神谕或一时的灵感和心血来潮，而是一千次的眼泪，一千次的屈辱，一千次的绝望和痛苦。"

曼德拉因为领导反对白人种族隔离政策而入狱，白人统治者把他关在荒凉的大西洋小岛罗本岛上 27 年。当时尽管曼德拉已是高龄，但是白人统治者依然像对待一般的年轻犯人一样对他进行残酷的羞辱和虐待。曼德拉被关在罗本岛总集中营的一个"铁皮房"，白天打石头，将采石场采的大石块碎成石料。有时从冰冷的海水里捞取海带，还做采石灰的工作。他每天早晨排队到采石场，然后被解开脚镣，下放到一个很大的石灰石田地，用尖镐和铁锹挖掘石灰石。因为曼德拉是要犯，专门看守他的人就有3个。他们对他并不友好，总是寻找各种理由虐待他，羞辱他。曼德拉面对屈辱曾经有过轻生的念头，但是一想起自己终身为之奋斗的事业，他就觉得眼前的这点儿屈辱算不了什么。为了能够在将来的某一天实现自己的理想，曼德拉忍辱负重，不管那3个人如何羞辱刁难他，他始终默默地面对，他知道，这就是上天给予他的考验。

在度过长达27年失去自由的监禁生活后，1990年2月10日，南非政府宣布无条件释放曼德拉。已是72岁高龄、两鬓斑白的曼德拉走出监狱的第二天，即投入到自己钟爱并为之奋斗一生的为争取民族独立和解放的运动中，并在南非首度分种族的大选中获胜，成为南非第一位黑人总统。

忍一时风平浪静，退一步海阔天空。许多时候，为了达到目的，实现理想，需要我们忍辱负重。假如我们不能忍受，和别人争吵甚至针锋相对，只会徒然耗费时间和精力，绝对是得不偿失的。

你坦然接受变故，就没有走不过去的路

人生的变故并不可怕，可怕的是在人生变故面前失去坦然的心态，自乱阵脚，甚至自暴自弃。人生其实掌握在我们自己手中，在变故面前，坦然应对，这才是聪明的生活态度。

很多时候，人生并不会像我们期待的那样一帆风顺，有些不好的事情会在我们没有准备的时候突然发生，让我们措手不及，忙于应付。在人生变故面前，有的人会恐惧，大哭大闹，完全乱了方寸，而有些人则能坦然地面对和接受。

从前有两个和尚，都一心成佛，虔诚地讲经修道，以最大限度地接近佛祖。几十年后，佛祖被他们的虔诚打动，决定再给予他们一次最后的考验，通过考验者便可以到达西方圣地，永世成佛。于是，佛祖派观音大师前去通告这两个和尚，如果他们能够渡过西天之际的无边海域，便可以到达西天，参拜佛祖，接受封佛之礼。这两个和尚在得到这一消息后兴奋至极，他们心想：自己几十年的讲经修道，终于可以修成正果，真是佛祖有眼啊！于是这两个和尚分别收拾行装，从各自的寺院出发了。

在历经千难万险之后，他们开始了茫茫无期的渡海之旅。在茫茫海面上，这两个和尚相遇了，知道彼此都是要去西天参拜佛祖之后如遇知己，于是相互鼓励、结伴而行。他们各自驾驶着自己的小船，在苍茫大海中向西方航行。前半个月一直风平浪静、相安无事。

可是到了十五月圆之夜，海面突然狂风大作，接着雷电轰鸣，暴雨倾盆，整个海面剧烈摇晃，海浪涌起数十米之高。面对这突如其来的风暴危机，两个和尚都惊呆了，他们怎么也没有想到会突然之间遭遇如此的变故。这时，一个和尚恐慌至极，大声喊着："佛祖啊，你要我去见你，可是这突如其来的灾难要让我葬身于此了啊！"他紧紧地抱住船桨，畏惧地缩成一团，一个海浪拍打过来，掀翻了他的小船，他便被海水吞入海底了。而另一个和尚，立即在惊慌中恢复了平静，他意识到继续航行下去，凭借自己的小木船是无论如何也无法与如此狂暴的风浪相抗衡的。于是他迅速解下桅杆上的绳子，将自己的身体和船底的一块木板绑在一起。同样，一个大浪打翻了他的小船，他便紧紧抱住这块木板在风浪的冲击中沉浮、漂移。等到风平浪静之后，他发现自己已经漂移到了岸边，耳边回荡着圣钟的声音，自己已经来到佛祖圣地。

佛祖见到这个和尚，慈善地一笑，说："你已经通过了我的考验，现在我便封你为佛。只是我想知道你在暴风骤雨中心里在想些什么？"这个和尚听后回答说："当时我被这突如其来的危机吓呆了，可是立即我就恢复了平静。因为我知道，惊慌与恐惧于事无补，反而会令我快速死亡。我必须接受它，让自己冷静下来，想出一个求生的办法，尽最大可能渡过险境，见到佛祖。"

可见，在变故面前，只有坦然地接受下来，让心静下来，才能有机会了解变故，找到解除危机的方法。假如在人生变故之前惊慌失措，乱了阵脚，那么等待我们的只有彻底的失败了。

国家男篮运动员胡雪峰，曾经遭遇了一次严重的事业危机，当大家都以为他会为此而愤愤不平、懊恼沮丧之时，胡雪峰却以极为坦然的态度接受了这一事实，并开始了自己新的人生规划。

事情是这样的，国家男篮有一次进行教练组调整，而此时在国家队表现良好的胡雪峰竟然成为被"调整"的对象，他在一次长达1个多月的训练之后被"踢出"了国家队。为此，很多球迷都为胡雪峰打抱不平。而面对这突如其来的变故，胡雪峰却表现得非常坦然，他对记者说："虽然离开国家队是对我运动生涯的一个重大打击，但我不能因为这打击而一蹶不振，我会继续加倍努力去完善我的球技，争取再度进入国家队。其实在哪里打球都一样，对于一个运动员来说，最关键的不是在哪里打球，而是以怎样的心态去打球。"

也许人生的变故会带来身体和心灵上的伤痛，但是只要我们能够坦然地接受，面对现实，然后发奋努力，那么我们一样能够成功，甚至达到绝大多数人达不到的高度。

邰丽华，起初没有人相信这个不会说话也听不到任何声音的姑娘，能够在没有音乐的环境中跳出优美的舞姿。舞蹈对于邰丽华来说，就是她的语言，她的音乐，是她童年的回忆，是她整个精神的寄托，是她和这个世界交流的唯一方式，更是她人生定位的根本。

为了学会舞蹈，她在很小的时候就把自己变成一个不停旋转的陀螺，一天当中，除了吃饭睡觉之外，所有的时间全都花在舞蹈上面。学过舞蹈的人都知道，舞蹈离不开音乐的伴奏，音乐和舞蹈的关系，就像水和鱼之间的关系一样，没有了音乐的节拍，舞蹈就变得没有韵律。但邰丽华什么音乐也听不到，为了能够跳好舞，她能做的只有记住每个舞蹈的动作节拍，然后不断地重复，然后再记忆，再重复，再记忆……邰丽华的舞蹈，是用心在伴奏的，虽然她听不到音乐，但音乐却融进了她的血液之中。

舞蹈，成就了邰丽华精彩的人生。1992 年 10 月，意大利举办了一次"无国界文明艺术节"，应邀出席的都是当时世界上知名度非常高的超级明星。邰丽华作为参加的唯一一名残疾人舞蹈艺术家，表演了中国元素十足的舞蹈《敦煌彩塑》，引起了巨大的反响。邰丽华在无声的世界中用高洁的舞姿征服了来自世界各地不同肤色的人们。

坦然接受身体上的伤痛，就能舞出精彩的人生。人生的变故并不可怕，可怕的是在人生变故面前失去坦然的心态，自乱阵脚，甚至自暴自弃。人生其实掌握在我们自己手中，在变故面前，坦然应对，这才是聪明的生活态度。

感谢带给你逆境的人，是对你成长最好的肯定

一位智者曾经说过："生性乐观的人，懂得在逆境中找到光明；生性悲观的人，却常因愚蠢的叹气，而把光明吹熄。当你懂得生活的乐趣，就能享受生命带来的喜悦。"

很多人讨厌逆境，于是对那些带给自己逆境的人也深恶痛绝，认为他们给自己的人生之路带来了坎坷，让自己前进的脚步蹒跚。静下心来想一想，逆境其实是人生的一种财富，虽然苦涩，却能使强者变得更加坚韧果敢。所以我们要感谢那些带给我们逆境的人，因为他们让我们的人生变得越来越柔韧和完美。

有一个老和尚带着一个小和尚云游四海。有一次，他们向一位当地人问路，那人伸手一指，说顺着这个方向即可到达。但是让他们没想到的是，那人指的方向是错误的，老和尚和小和尚迷失在幽深的峡谷中，一整天也没有找到出去的道路。

"师父，我恨死了那个瞎指路的人，是他让我们身处逆境，遭受这跋涉之苦！"小和尚抱怨道。"你怎么怨恨人家，虽然他将我们带入逆境，但是我们还是要感谢他。你之所以心生怨恨，是因为你一直低头走路。"老和尚慈悲地说道。

"师父，难道抬起头来走路，我们就要感谢那个人吗？"小和尚问。老和尚又问："你抬头看到了什么？"小和尚回答道："除了高山还是高

山。"老和尚说："是啊，每次遭遇逆境，我总是这样抬头走向成功的。那些把我们带入逆境中的人，其实教会了我们抬头走路，是我们人生道路上的良师啊！"

老和尚感谢带给他逆境的人，是因为逆境让他前行的脚步更加坚定，生活中的我们也应该如此，要感谢带给我们逆境的人。有句名言说得好：他人即是地狱。这个世界上的每个人都不是绝对自由的，烦恼通常和别人有关，有时候我们会感到总有一些人和我们过不去，周围的环境也处处对我们不利，也就是说，我们深陷逆境。这个时候我们应该怎么办呢？是一味地诅咒那些带给我们逆境的人吗？要知道每一天都在怨恨中生活的人，快乐一定会远离他，假如看不透这一点，那么逆境对这些人来说无疑是天大的灾难！人生的逆境需要我们去改变，一味地埋怨和诅咒是丝毫没有用处的。

一位动物学家对生活在非洲大草原奥兰治河两岸的羚羊群进行过研究。他发现东岸羚羊群的繁殖能力比西岸的强，奔跑速度也要比西岸的每分钟快13米。而这些羚羊的生存环境和属性类都是相同的，食物来源也一样。

于是，他在东西两岸各捉了10只羚羊，把它们送往对岸。结果，运到西岸的10只一年后繁殖到14只，运到东岸的10只只剩下3只，那7只全被狼吃了。东岸的羚羊之所以强健，是因为在它们附近生活着一个狼群，西岸的羚羊之所以弱小，正是因为缺少了这么一群天敌。没有天敌的动物往往最先灭绝，有天敌的动物则会逐步繁衍壮大。大自然中的这一现象在人类社会也同样存在。敌人的力量会让一个人发挥出巨大的潜能，创造惊人的成绩，尤其是当敌人强到足以威胁到你的生命的时候。

真正促使你成功的，真正激励你昂首阔步的，不是顺境和优裕，不是朋友和亲人，而是那些常常可以置你于死地的打击、挫折，甚至是死神。苦难折磨人，使人痛苦，但苦难又能磨炼人。

感谢那些带给我们逆境的人，不管我们面对什么样的境遇，我们都要用乐观的精神回应。一位智者曾经说过："生性乐观的人，懂得在逆境中找到光明；生性悲观的人，却常因愚蠢的叹气，而把光明吹熄。当你懂得生活的乐趣，就能享受生命带来的喜悦。"在我们的生活中，如果只懂得在顺境中欢笑，而不了解在逆境中也要保持微笑的道理，那么，我们很可能不了解如何去珍惜生活，也不知道如何才能得到生命中真正的快乐。

有位太太请了一个油漆匠到家中粉刷墙壁，当这位油漆匠来到她家后，发现这位太太的丈夫是个盲人。于是，油漆匠顿时对这家的男主人产生了怜悯之情。可是，这位失明的先生并不像油漆匠想象的那样可怜，而且他还十分的乐观开朗。在油漆匠工作的几天中，他和这位男主人谈得十分投机。

当油漆匠的工作完毕之后，他将账单交给这位太太。让她感到意外的是，油漆匠给了自己一个很大的折扣。于是，她疑惑地问："怎么只收这么少的钱啊？"

油漆匠回答说："我跟你先生在一起觉得很快乐，他对人生的态度，使我觉得自己的境况还不算最坏。所以减去的那一部分，算是我对他表示一点谢意，因为他使我不会把工作看得太苦！"

油漆匠对自己丈夫的乐观精神的认可，让这位太太留下了感动的眼泪。因为，这位慷慨的油漆匠，自己只有一只手。

一位作家曾写道："快乐是一种角度，从这边看是痛苦，换一边看未尝不是幸福。被刺到手时，你的快乐是因为它没有刺到眼睛。"在这个越来越浮躁的年代，很多东西是我们无法改变的。面对这一切，我们能做的就是用乐观的心态坦然接受。当我们用积极乐观的态度接受这一切之后，就会发现无论多么大的困难，都不再可怕；无论多么严峻的情况，都不再难以逾越。

高士其先生是我国著名的科普作家。他到国外留学时，有一次做试验时，一个装有培养脑炎过滤性病毒的玻璃瓶子破裂了，病毒侵入了他的小脑，从此留下了身体残疾的祸根。他忍受着病毒的折磨，学完了芝加哥大学细菌学的全部博士课程。回国以后，他拖着半瘫的身子，到达延安工作。新中国成立后他病情恶化，说话和行动都十分困难，连睁、合眼都需要别人帮助。但他仍以惊人的吃苦精神进行创作，先后写成100多万字的作品。有人问他苦不苦，他笑着说："不苦！因为我每天都在斗争，斗争是有无穷乐趣的。"

我们要乐观面对逆境，当我们心中装满乐观的种子时，我们就不会对逆境产生恐惧，也不会对那些带给我们逆境的人深恶痛绝了。我们心中有了乐观，就能战胜逆境，获得别人获取不了的人生经历，找到属于自己的人生之路，基于此，所以我们要感谢那些带给我们逆境的人。

有磨难才会有痛苦，才会使人思索。一个人只有痛苦地思索，才会顿悟人生的真谛，才会明智练达。而只有明智的人，人生才会卓越，才会不同凡响。这就是逆境，一种造就强者的人生境遇。我们要感谢逆境，感谢给你逆境的人。

第四章

人生原本不完美，不生气才能拥抱幸福

　　人生本来就是不完美的，我们没必要苛求他人完美，也无须苛求自己完美。我们追求我们的梦想，拥抱自己的幸福和快乐，遇事不生气，才能牢牢抓住幸福不放手。

你的平常心，足以应对无常的人生

谋事在人，成事在天，凡事讲求尽我所能无所怨悔就好。不要把工作生活中的烦恼荣辱太当回事。实际上，人生在世的事儿都不大，既然事儿不大，就别那么在意，这就是平常心。

"云在青天，水在瓶。"这是禅宗师父们最爱拿来启发学人的一句诗偈，这句话有两层意思：一是说，云在天空，水在瓶，正如眼横鼻直一样，都是事物的本来面貌，没有什么特别的地方。你只要领会事物的本质、悟见自己的本来面目，也就明白什么是道了。二是说，瓶中之水，犹如人的心，只要保持清净不染，心就像水一样清澈，不论装在什么瓶中，都能随方就圆，有很强的适应能力，能刚能柔，能大能小，就像青天的白云一样，自由自在。其深意就是说为人处世应该有一颗宠辱不惊、物我两忘的平常心。事来就应，不思虑，不计较。

人生存在这个世界上，拥有一颗心很容易，但要有一颗平常心却是不易的。如同花儿一样，需园丁精心栽培，不然就会营养不良干枯而死。平常心或者是花园里一朵开得娇艳欲滴的硕大的花，让人欣赏赞叹；又或者是一朵没有鲜艳的色彩、没有茉莉般的清香的路边的小花，默默无闻于世。但无论是怎样的姿态，都是我们生活中不可缺少的，否则，人们很难把心沉下来做到一切交由规则去说了算。他们随时在变，随时充满希望，又随时恐惧，导致迷失了整个盘面趋势的判断，丧失了平常心。

有个人不明白慧海禅师为什么这么有名，于是就问慧海禅师："禅师，你可有什么与众不同的地方吗？"慧海禅师很干脆地答道："有。"这个人便好奇地问："是什么呢？"慧海禅师答道："我感觉饿的时候就吃饭，感觉疲倦的时候就睡觉。"这个人笑了，慧海禅师说的这些是每个人都会做的啊，"禅师，您可真会开玩笑啊。这算什么与众不同的地方呢？这是每个人的本能，算什么区别呢？"慧海禅师却一脸镇定，认真地答道："这当然是不一样的！""为什么不一样呢？"慧海禅师答道："他们吃饭时总是想着别的事情，不专心吃饭；他们睡觉时也总是做梦，睡不安稳。而我吃饭就是吃饭，什么也不想；睡觉的时候从来不做梦，所以睡得安稳。这就是我与众不同的地方。"

慧海禅师继续说："世人很难做到一心一用，他们在利害得失中穿梭，囿于浮华的宠辱，产生了'种种思量'和'千般妄想'。他们在生命的表层停留不前，这是他们生命中最大的障碍，他们因此而迷失了自己，丧失了'平常心'。要知道，只有将心灵融入世界，用心去感受生命，才能找到生命的真谛。"那个人立刻明白了禅师所说的，感悟道："原来禅师最高明的地方是有一颗平常心，以平常心应对无常的人生，这才是真正悟道的关键啊。"随后就向慧海禅师深深鞠躬。

"非淡泊无以明志，非宁静无以致远。"平和的心态能消除狂傲之气，舍去浮躁和虚华，以一颗平常心直面人生，脚踏实地走好人生每一步。平常心是人生的一种不可缺少的修养，古有名相范仲淹"不以物喜，不以己悲"，今有李嘉诚先生的"好景时，决不过分乐观；不好景时，也不过分悲观"，这都是平常心的真实写照。他们无欲则刚、有容乃大。他们相信努力自有回报，因而看淡成功，追求不止。平常心说着容易，做起来却是很难，连大文豪苏东坡都做不到。

苏东坡被流放到镇江的时候，与佛印禅师交往甚密。虽然两个人隔着一条江，但是经常来往，闲时便聚在一起讨论研究。有一天苏东坡到佛印的庙里找他，不巧佛印禅师不在，苏东坡只好一个人参观佛堂。看到威严端坐的佛爷时，苏东坡诗兴大发，问小和尚要来笔墨，一挥而就："稽首天中天，豪光照大千。八风吹不动，端坐紫金台。"写完之后很得意，让小和尚务必把诗转给佛印，让他看看自己是否悟道。

佛印回来之后，小和尚就给佛印看苏东坡的诗作，可佛印二话不说，在诗旁边写了两个字：放屁！然后让小和尚把诗给苏东坡送回去。苏东坡看了之后火冒三丈，大骂道："你不夸我倒也罢了，怎么能骂我放屁呢！"苏东坡心里越想越气，于是就立刻起身过江，去找佛印。

佛印一见东坡气呼呼地来找他了，于是哈哈一笑："你不是号称自己是八风吹不动吗？怎么被我一屁就吹过江来了呢？"东坡一听，自是哈哈一笑，这才明白老友的用意，原来这平常心真的是说着容易做着难啊。

生活中我们常说的平常心，其实就是在失意的时候不要悲观，而得意的时候更不要忘形。而苏东坡因为佛印的一句话就受不了，非要找对方理论，正是印证了八风里边最关键的"名利"二字是很难坚守的。所谓"名缰利锁"，名利都是束缚人心的缰锁啊。相比较而言，有时利可以放下，名却放不下；名中讥讽有时可以接受，但吹捧就受不了了。过得了棒杀关，却过不了捧杀关。

谋事在人，成事在天，凡事讲求尽我所能无所怨悔就好。不要把工作生活中的烦恼荣辱太当回事。实际上，人生在世的事儿都不大，既然事儿不大，就别那么在意，这就是平常心。正如赵州和尚说："树摇鸟散，鱼动水浑。"一切都很平常，事儿真的不大，一颗平常心足以应对无常的人生。

你容纳了自己的不完美，还会生气吗

对待不完美的态度不同，人生的结果自然也就不会相同。敢于承认自己的不完美，在表面上看起来似乎很傻，但是背后却闪现着大智慧。

现实生活中，每个人都是不完美的，但是大多数人都不愿直视自己身上的缺点，每次听到别人评论自己的不足时，首先想到的就是去反驳，去解释，而不是认真地检讨和改正，甚至有些人刻意地逃避自己的不完美，睁一只眼，闭一只眼，想当然地认为自己是完美的。其实敢于正视自己的不完美，才是一种积极的生活态度，孔子曾经说过："闻过则喜"，意思是知道自己的缺点，这样就可以不断地改进，从而更上一层了，这其实就是一种直视自己不完美的表现，这样才能让自己更加接近真理。

在这个世界上，智者都是敢于直视自己不完美的人。当有人夸奖你"聪明"的时候，你是否会喜滋滋地认可，骄傲地点头承认，不管那些话是不是真实，根本不去考虑现实中是否存在反面的论据呢？假如你这么做了，那只能说明你还不是一个智者，因为智者都是谦虚的，都敢于直视自己的不完美。

美国前总统罗斯福就是一个智者。他身上有很多不完美，他有些口吃，说话的时候不能连贯地表达自己的意思；身体也不强壮，有残疾；面貌也不英俊，非常平凡……但是罗斯福从来没有掩饰自己这些缺点，而是敢于直视自己的不完美，他用坚强的精神意志征服了选民，最终成功地进入白宫，成为美国总统。可见在很多时候，一个人智与不智、成功或者失败的区别就在于敢不敢直视自己的不完美。

正所谓"金无足赤，人无完人"，每个人都有自己的不完美之处，海伦凯勒双目失明，贝多芬失聪，孙膑则不能行走……假如我们拿起放大镜来观察的话，那么这些取得伟大成就的人就变成了不健康的人群。然而，我们看到的是，这些人能够直视自己的缺陷，并在此基础上创造了让人惊叹的丰功伟绩，他们用自己的智慧给不完美的人生绘出了绚丽的色彩。对待不完美的态度不同，人生的结果自然也就不会相同。敢于承认自己的不完美，在表面上看起来似乎很傻，但是背后却闪现着大智慧。

维纳斯虽然失去了双臂，但却因此成为举世瞩目的完美艺术品。在几千年中，曾经有很多艺术家想要复原她的双臂，让她变得完美，但是最终的结果是，他们发现不管怎么努力，都不能超越没有双臂的维纳斯。我们的生活也是这样，有很多人喜欢追求完美，讨厌不完美，具体到他们自己身上，则不敢直视自身的缺点。这个世界上没有什么绝对完美的人和事物，假如不敢直视自己的不完美，那么就可能让自己付出惨重的代价。

一个农夫有两只水桶，一只完好无损，而另一只则有一道裂缝。每次农夫挑着它们运水回家，完好无缺的水桶总是能将满满一桶水从河边带到农夫家，但是那只有裂缝的水桶到达农夫家的时候却只剩下半桶水。

两年来，农夫就这样每天挑着一桶半的水回到家中。那只完美无缺的水桶为自己能够将整桶水带回家而自豪，而那只不完美的水桶则因为自己身上的裂缝而惭愧，它为自己只能完成一半的任务感到自责。

有一天，那只身有裂缝的水桶终于忍不住了，在小河边对农夫说："我真的非常惭愧，必须向您道歉。在过去的两年中，因为我身上的裂缝，导致水一直从我这边漏，每次我只能把半桶水带回家。我身上的不完美使得您使出了全部的力气，却只能收到一半的成果。"农夫听了之后微笑着说："在我们回家的路上，我要你留意一下路边的花朵。"

有裂缝的水桶于是在回家的路上留意路边的景色，当走到山坡上时，它的眼前一亮——五颜六色的花朵盛开在小路的一旁，沐浴在温暖的阳光下，充满了明媚的生机。但是当走到小路的尽头就要到家的时候，它又开始难过起来，因为一半的水又在路上漏掉了。

有裂缝的水桶再次向农夫道歉，这次农夫非常温和地说："难道你没有注意到小路的两边，只有你所在的这一边才开满鲜花吗？我知道你不完美，身体上有一条裂缝，所以善加利用，在你这一边的路旁播种了花种，每次我从小河边挑水回来，你就替我一路浇灌了！这两年来，路边生长的鲜花装饰了我的房间，不然我的桌子上也不会出现这么美丽的花朵啊！"

在现实生活中，一个人不管取得了多大的成就，都可以看成是一只身有裂缝的木桶，不完美，有缺陷。但是这并不可怕，因为如果我们换一个角度看，这种不完美反而会成为一种更加美丽的风景。这样一来，我们就不会因为自己身上的不完美而感到自卑，也不会盲目地去羡慕别人，因为当我们能够直视自己的不完美之时，也就找到了属于自己的人生之路。

你为自己而活，何必太在意别人的看法

在日常工作和学习中，我们谁也避免不了他人不公正的批评。尽管我们很难不让这样的事发生，但至少我们可以做到，不会因此感到烦恼。

这个世界这么大，有谁能够完全地肯定一件事情如同自己说的那样？当在听到别人的话的时候请不要毫无根据的妄加猜测，认为别人所说的就是美好的就是真实的。人是自私的动物，没有人会将指责与背叛加于自己的身上，谁也不会永远是正确的，而面对别人的指责，你不需要很在意，因为很多时候真理也不一定是在他的手中。请多看看自己，用自己的思想去判断。

在日常工作和学习中，我们谁也避免不了他人不公正的批评。尽管我们很难不让这样的事发生，但至少我们可以决定是否要让自己受到那些不公正批评的干扰，我们可以做到一笑而过，让自己不会为此而感到烦恼。如果你听到有人在恶意中伤你，你甚至不必回头去看是谁在出口伤人，只是一笑而过，便足以彰显你的人格魅力。

一天，有位信徒上前请示禅师说："我天生性情暴躁，不知道要怎么样才能改正？"禅师听了以后，对信徒说："你把这天生暴躁的性情表现出来，我帮你改掉。"信徒回答说："不行啊！我现在没有。但是，一碰到某些事情的时候，那'天生'的暴躁性情就会跑出来，然后，我就会控制不住发脾气。"

于是，禅师说："这个情形倒是很奇妙的。如果现在没有，只是在某些情况下，你才会脾气暴躁，可见这并不是天生的。"信徒狡辩着说："当然不是天生的了，而是当别人指责和辱骂我的时候，我才会这样，这根本不干我的事情。"禅师说："这怎么不关你的事情呢，正是你和别人争执，才导致了自己心情烦躁。这其实是自己造就的。可是，现在你却把它说成是天生，把过错推给上天推给父母，未免太不公平。"

信徒经过禅师的一番开导，终于会过意来，原来面对别人对自己的指责和背叛的时候，自己才会充满烦恼，之后才会产生暴躁的情绪。所以信徒开始努力于人言面前一笑而过，从而改变了自己暴躁的性格，再也不轻易发脾气了。

或许你觉得信徒的处理方法太轻描淡写了，只是笑笑，就改变了他的处事态度。但事实上，我们中绝大多数人就是对一些鸡毛蒜皮的小事太过较真了，总是把别人的指责当作一件大事来分析探讨，最终往往改变不了别人的观点，反而给自己心理上加负，让自己变得很累，烦恼满怀。

在日常工作和学习中，我们谁也避免不了他人不公正的批评。尽管我们很难不让这样的事发生，但至少我们可以做到，不会因此感到烦恼。我们可以决定是否要让自己受到那些不公正批评的干扰。谨记这一点：如果你听到有人在恶意中伤你，你不必回头去看，因为对于那些"只是笑笑"的人来说，别人还能说什么呢？即使我们无端受到指责，成为别人的笑柄；即使我们被人欺骗，被最最要好的朋友出卖；即使我们被人暗算，也不要纵容自己不快乐的情绪。

29 岁的陶潜曾当过江州祭酒，没过多久，他便辞官回家种田了。后来，州里又请他做主簿，他拒绝了。40 岁时，他因生活所迫，又转到了刘裕的手下，做了镇军参军。到了 41 岁时，又做了彭泽县令，但也仅仅只做了几个月就又辞官回了家。

陶潜最后一次辞官是有原因的。那天，郡里派遣督邮到县里来视查工作。县里的小官吏听到消息后赶忙向陶潜报告。而此时的陶潜正在书房认真地读书、赋诗，听到官吏的通知顿觉十分败兴，但也只得放下笔和小吏去见督邮。

即将走出门外时，小吏一副吃惊的表情对陶潜说："大人，是否去换件官服？上级来视察，您得恭敬地去迎接，恐穿便服多有不便吧？"

陶潜平日里最看不惯那些飞扬跋扈、仗势欺人的官僚，听到还要换官服去行礼参拜，顿觉厌恶致极。叹息一声对小吏说："我可不愿意为了五斗米的俸禄而卑躬屈膝，假意做出迎逢的样子。"

说完，陶潜便回屋拿出官府大印和官服递到了小吏的手中说："请把这些东西交给督邮。"

辞了官的陶潜轻松地回到了老家。回家后顿感空气清新、心情舒畅。

此后，他携全家以种田为生，过着清贫的生活，再也不愿出来做官。左邻右舍和亲朋都觉得做官能飞黄腾达，比耕田劳碌要好上百倍，是一条封妻荫子的光明大道。但陶潜自己却把官场看得一文不值。

许多人为了升官发财，用尽心力去讨好上级，甚至降低人格来换取一官半职。结交权势的人往往还会牺牲一些利益，失去人生中最为珍贵的自尊。俗话说：人争一口气，树争一块皮。而陶潜所争的正是所谓的一身正气。他没有在乎他人的看法，坚决做自己，为自己的想法而活。

世界的美好，等着你欣赏的眼睛去发现

只要心美，周围的世界就美，心里光明，那么世界上就没有黑暗，生活也就不会有阴天。

很多时候，在我们的生活中不缺少美，而是缺少欣赏美的眼睛。其实我们可以把这句话再完善一些——生活中不是缺少美，而是缺少发现美的心灵。这个世界上的美需要一双美丽的眼睛去发现，同时更需要一颗美丽的心，这样才能更深切地感受生活的美好，并创造美好的生活。

其实从本质上来看，眼睛是心灵的窗户，发现这个世界上美丽的不是眼睛，而是美丽的心灵。

台湾著名文学家林清玄曾经参加过一场演讲会，演讲结束之后，有一位听众问林清玄："林先生，我发现来听你演讲的人，不管男人还是女人，都长得非常美丽。我想请问你，是美丽的人特别喜欢读你的书呢，还是读了你的书之后都会变得美丽呢？"

这个人的提问立刻引起了周围人的哄堂大笑。林清玄立即答复他道："你看到这些人这么美丽，那是因为你有一颗美丽的心，用美丽的心来看他们，就像现在我们看你一样，觉得你也十分美丽啊！"

演讲完之后，林清玄沿着夜暗的公园走回家，发现在月色中的公园也非常美丽，花树温婉，池水浮金，空气中留着花香。他觉得这个世界非常美丽，有人特别容易看到，就是源于他们拥有美丽的心灵。

在现实生活中，令人遗憾的是，很多人通常只能看到花树的美丽，公园的美丽，月亮和星星的美丽，山川和河流的美丽，却很少能看到别人身上的美丽。假如我们能够用美丽的心灵去发现别人的美丽，那么于人于己，都会变得美丽。

一个在美国哈佛大学就读的中国留学生，将要毕业的时候，因为学校工作人员的失误，谎报给他一个错误的信息，称他已经被美国一家非常有实力的公司看中。这个留学生听了之后高兴得一夜没有睡觉，他其实一直想进入那家公司工作，没想到梦想这么快就变成现实了。

正当他等待录取通知的时候，那位工作人员非常抱歉地告诉他，自己把信息弄错了，他并没有被那家公司聘请，因为那家公司只从学校要了考试成绩前 50 名的人，而他是第 58 名。留学生听了之后不但没有生气，反而对那位工作人员说这都是他自己的错，没能让自己考进前 50 名。

那位工作人员非常欣赏他的态度，于是马上把他推荐到另一家大公司。就这样，这位哈佛中国留学生的命运发生了一次重要转折，非常顺利地开始了自己的职场之路。

人的一切言语行动都是建立在心灵之上的，思维指导行动，行动影响习惯，习惯影响品质，品质决定命运。所以说，只要心美，周围的世界就美，心里光明那么世界上就没有黑暗，生活也就不会有阴天。

改变自己的心灵，世界也就跟着改变了。家庭教育狂人陈忠联教授说，虽然这个世界是不公平的，但是我们要把它看作公平的，因为假如我们认为不公平，那么我们做事的时候就会用消极的眼光看待，只会抱怨上帝的种种不公，从而失去奋斗的目标和前进的动力；假如我们认为是公平的，就会在人生中积极进取，有所作为。心灵美好积极，才会发现这个世界美好积极，我们的人生才会活出色彩和滋味来。

他从小就是个内心孤独的孩子，因为家庭非常贫困，他跟着父母四处漂泊，不断地面对一个又一个陌生的生活环境。这样的生活经历让他变得沉默寡言，他不敢和别人接触，没有什么朋友。

12岁那年，他随着父母搬到了圣保罗。离他们家不远，有一个富人居住的小区，有一群孩子天天在草地上踢足球，他很想加入他们，但心里却担心被他们瞧不起，受到嘲笑和拒绝。

有一天，一个孩子冲着站在一边的他喊："喂，过来我们一起玩儿吧。"他没有接受邀请，转身跑开了。回到家里，他哭着对母亲说："我很想和那些富人家的孩子一起踢球，但是我又怕他们瞧不起我，会联合起来捉弄我……"母亲慈爱地问："他们欺负过你吗？捉弄过你吗？"他摇了摇头。"你怎么觉得他们一定会欺负你呢？孩子，别总是把别人想象得那么可怕和丑陋，要用美好的心灵去感受他们，这样你就会发现你周围的孩子都是那么的美丽，他们可爱友好，非常乐意和你在一起玩耍。再说你和他们比，根本就不缺少什么啊！去吧，孩子。"母亲最后这么鼓励他。

听了母亲的话，他走出了家门，加入到了那群踢球的孩子中间，愉快地和他们玩儿了起来。很快，他便和那群孩子成为好朋友，他们果然像母亲说的那样，非常友好且美丽。

他的名字叫卢拉，最后当选为巴西总统，被认为是世界上出身最低微的总统。但是他的内心却充满了阳光和河流，给周围的人温暖清澈的感觉，在他任总统期间，巴西社会稳定，失业减少，国际地位得到了极大的提升。

一个叫婷的盲人姑娘，经过多年苦心练习，成了当地颇有名气的钢琴师，每次出门，她总忘不了给自己化一下妆。一次，她教一位女主人学琴，女主人打量她，忍不住赞叹道："你的妆化得真美！"但是想到她是盲人，又有些猜疑，于是询问："这个妆是你自己化的吗？""是呀！"女孩说。女主人由衷地赞叹道："你真是心灵手巧，比我化的妆漂亮多了！"但又接着问道："可是你看不见自己的美呀！何必天天化妆呢？"

女孩笑了笑说："虽然我看不见自己的美，可是我把美带给大家，不是挺好吗？"

的确，美源自内心，只要我们内心是美好的，我们做出的事就美好。心里有美，眼光才美，行动就美，也将给别人带来美，给世界注入美！心美，世界才美。

内心有阳光，你才会处处沐浴春光

在很多时候，最美的山水永远只在我们的心里。只要我们心中淡然，能够自在自若地生活，不管面对什么事情心都安定，不烦躁，那么天天都是在"春游"，时时都是在欣赏"美景"。

很多人都有这样的感受，虽然刚过冬季，阳光还不怎么灿烂，天未暖花未开，但是心里已经开始计划出游了。远离社会的喧嚣，找一个安静的地方，看美丽的风景，有山有水最好，体验山河的壮美，享受浪漫的温情，是多么舒适和惬意啊！当然，并不是所有的人都能享受到这样的风景，有的人因为工作太忙而没有时间出游；有的人因为经济实力有限，没有这个"闲钱"；有的人虽然去了，但是却匆匆忙忙，成为过客，能够享受到的其实只是回到家中看一大堆美丽的照片而已。

其实，在很多时候，最美的山水永远只在我们的心里。只要我们心中淡然，能够自在自若地生活，不管面对什么事情心都安定，不烦躁，那么天天都是在"春游"，时时都是在欣赏"美景"。心中有风景的人，喜乐不胜，自在洒脱，他们的心也会无限宽广，不会去计较一时的荣辱得失，更不会为了别人的一句话或者一个动作而彻夜不眠；不会因为受到别人的指责而心生不快，进而产生憎恨；不会因为痴迷而黏附在任何东西上，让自己失去自由浑身不自在。心中有山水的人，知道海阔凭鱼跃，天高任鸟飞，知道万事万物都按照自然的规律在生长或者消亡，知道一切自然的东西都不要人为地去改变。心有山水，天地自然也就宽广了。

程锦是一个来自山区的女孩子，读大学那会儿，她是整个宿舍中经济条件最差的一个。从大一开始，程锦就开始勤工俭学，做家教、给商家发广告、兼职翻译书稿等。大学四年，她不但能实现自给自足，而且还经常能剩下一些钱，周济一下家里。

程锦宿舍里有两个同学的家庭条件非常好，一个是有家庭背景的，叔叔开了一个比较大的公司，已经答应她毕业之后就可以去公司上班了。那个同学一直乐滋滋地说，只要毕业之后进入叔叔的公司，怎么着也能当个部门经理。一旁的舍友都羡慕地附和着："是啊，你真幸福，在职场上简直是坐上了直升机。"那个同学听了之后非常得意。另一位同学，父母亲都在某个省会城市事业单位上班，最初各自单位集资分房的时候，各分得一套房子，后来又购买了一套商品房。在那个寸土寸金的省会城市，这3套房子的总价值在400万以上，她的父母决定卖掉其中的两套，用这笔钱供她去美国留学。等到"镀金"回来，进入跨国大公司或者知名的上市企业任职，收入肯定是个天文数字。这个女孩的前途也让周围的同学羡慕不已。大家都羡慕着她们，只有程锦平静地面对这一切，她觉得只有自己能够脚踏实地，活得淡然洒脱，将来才不会输给她们。

一转眼，悠闲浪漫的大学时光就结束了。程锦毕业之后进入一家刚刚成立不久的小公司，待遇一般，让程锦心动的是这家公司的老板非常干练开明，当初程锦应聘的是办公室文员，但老板一看她的毕业证书，就说："你是学财务的，假如改行，荒废了专业非常可惜，这样吧，你到公司财务部上班吧。"

老板是个非常务实的人，最初给别人打工，现在白手起家创办起了这家公司。任何事业都不是一帆风顺的，因为没有什么经验，加之市场竞争激烈，公司在最初的两年里，经营得非常艰难，很多员工看到公司前景惨淡，都跳槽走了。公司最困难的时候，只剩下程锦一个员工。最终老板坚持了下来，因为公司有自己的专利，有技术优势，一家大的风险投资公司看上了公司的发展潜力，投资了一笔钱，有了"血液"的公司一下子进入发展的快车道。随着公司不断发展壮大，程锦这个一直忠心耿耿而且能力突出的员工，被老板不断地提拔，先是担任公司财务主管，后来担任了公司的副总，主管公司的财务和人事，年薪 30 万，并且还拥有公司 6% 的股份。

程锦担任公司副总的第一年，也就是她工作的第六年，大学时的同学第一次聚会。聚会的时候，大家才知道程锦是全班四十几个同学中发展最好的一个。那个进入叔叔公司的同学，果然做了部门经理，但是因为能力有限，她把那个部门弄得非常糟糕。婶婶为此非常生气，经常和她的叔叔争吵，要求解聘她，后来压力巨大的叔叔只好劝退了她。现在那个同学在一家私营企业做着普通的文员，待遇一般。

另一个出国"镀金"的同学，学成归国后，发现所要面对的现实并没有当初想象的那么美好，洋文凭并没有提高她的身价，她目前在一家公司做出纳，虽然每天都要接触大量的现金，但是每月却只能拿着不多的工资，非常郁闷。

最初，家世好和能够出国留学的那两个人，是最美好的风景，让周围的人羡慕。但是对程锦来说，最美的风景在自己的心中，她没有被外在的环境所迷惑，也没有因为自身的劣势而退缩，一步一个脚印走到了最后，成为别人眼中最美的风景。

最美的风景往往在自己心中。在人生道路上，不要羡慕别人的美丽，更不能因为自身的种种不如人而自卑，甚至放弃自己的道路。要知道，只要内心淡然，宁静坚韧地走自己的路，踏踏实实地做好每一件事情，心中最美的风景终究会有一天显现在现实之中。

别人的每一个不屑，都是在鞭策你成长

生活中，愚蠢的人在感受到别人的不屑时会变得气急败坏，而聪明的人知道这是一种"祝福"，他们急切地希望从别人不屑的眼神和言语中学到更多的经验和教训，从而让自己变得更加强大起来。

在这个世界上，很少有人在漫长的一生中不曾经历过别人的不屑和嘲讽、挖苦与打击。在你的周围，总是会存在那么一些人，他们不喜欢你，抑或因为嫉妒你，更可能是因为自身心胸狭窄、为人刻薄的缘故，所以当你做错什么事情或者取得什么成绩的时候，这些人的刻薄语言就会如潮水般向你扑来。

很多人在面对别人的不屑时，不是被打击得没有一丁点儿爬起来的力量，就是恼羞成怒地反击，破口大骂甚至大打出手。其实这样的反应都是不成熟的表现，在生活中，面对别人的不屑，智者会把它们当成"美妙"的祝福，转化为前进的动力。

一提起格林尼亚教授，很多人首先想到的就是用他的名字命名的格氏试剂。不管是哪一本化学书籍上，几乎都记载着格林尼亚的名字和有关他发明的格氏试剂。但是很少有人知道这位伟大的发明者曾经被别人

所不屑。

1897 年，格林尼亚出生在法国一个非常有名望的资本家家庭，他的父亲经营着一家船舶制造厂，非常富有。格林尼亚少年时代，因为家庭生活非常优越，再加上父母的溺爱使得从小娇生惯养的他整天游手好闲，说话办事总是一副盛气凌人的样子。他没有理想，没有行动，根本就不把学业放在心上，整天梦想着成为一位王公贵人。因为他长相颇为英俊，所以当地的姑娘都愿意和他谈情说爱。

有一天，在一次午宴上，一位从巴黎来的女伯爵竟然非常不屑地对他说："请你站远一点儿，我最讨厌的就是像你这样的花花公子挡住我的视线！"女伯爵的这句话像针一样刺进了格林尼亚的心，一开始他为自己受到这样的不屑而愤怒，之后是自卑，但是不久他就醒悟了，为自己过去的种种行为感到羞愧。从此他开始发奋地学习，发誓要追回过去浪费掉的时光，而每当自己懈怠下来的时候，他就用女伯爵那句充满不屑的话来刺激自己，激励自己。后来他离开了家，给父母留下了一封书信，他在上面写道："请不要询问我的去向，容我刻苦地学习，我相信自己将来会创造出一些成绩出来的。"

格林尼亚来到了里昂，拜波韦尔为师，经过两年多的刻苦学习，他终于补上了过去所落下的全部课程。后来他又进入里昂大学插班就读，在大学期间，他因为刻苦的精神获得了有机化学权威巴尔的器重，在巴尔的指导下，他把老师所有的著名实验重新做了一遍，并准确地纠正了巴尔的一些错误和疏忽之处。最终在这些大量的平凡实验中，格氏试剂诞生了。

此后，格林尼亚的科研成果像潮水一般地涌了出来，基于他的伟大贡献，1912 年瑞典皇家科学院授予了他诺贝尔化学奖。此时，格林尼亚突然收到了先前那位对他非常不屑的女伯爵的贺信，信中只有一句话：我永远敬爱你。

当一个人因为别人的不屑觉得尊严受到侵犯时，也许他仍旧寂静无声，但是一旦爆发开来，那种力量将是巨大惊人的。在这种巨大能量的推动下，出现奇迹并非不可能，要知道精神的力量往往是无法想象的。所以，从这个角度上来看，别人的不屑对我们而言其实是一种"祝福"，它让我们全身充满了力量，为奇迹的诞生提供了巨大的精神动力。

生活中，愚蠢的人在感受到别人的不屑时会变得气急败坏，而聪明的人知道这是一种"祝福"，他们急切地希望从别人不屑的眼神和言语中学到更多的经验和教训，从而让自己变得更加强大起来。

众所周知，法拉利是闻名全球的著名跑车品牌，而兰博基尼的创始人费鲁吉欧·兰博基尼最初只是个疯狂的法拉利车迷。最初他把商用车改装成农用车出售，很受当地农民欢迎。后来他干脆建立了一家拖拉机专业生产厂，开始生产拖拉机，他也因此积累起来大量的财富。

有了钱之后的兰博基尼购买了几辆法拉利跑车，有一次和别人比赛的时候，他的最新车型法拉利不但没有取胜，而且还差点儿伤到周围的观众，这让他在朋友圈中颜面尽失。比赛结束后他迫不及待地勘察原因，凭借着之前积累起来的机械技术还有生产拖拉机的经验，他发现让他输掉比赛的原因是法拉利跑车变速箱上的一个配件出了问题。

兰博基尼直接把这个问题反映给了法拉利的市场部门，可是根本就没有什么人理会他。回来后他把自己的分析和意见写信寄给了法拉利公司总裁法拉利，建议他对变速箱的问题做配件改动，但是信件寄出去之后，兰博基尼没有收到任何的回复。

几个月后，兰博基尼亲自找到了法拉利，可是法拉利不仅不认可他的建议，而且还当面不屑地对他说："你就是一个制造拖拉机的，不可能发现这么专业的问题。"最终两个人不欢而散。兰博基尼感受到了不屑带来的痛苦，他决定为了心爱的跑车自立门户。他卖掉了之前视若珍宝的4辆法拉利跑车，拿出全部的积蓄组建了一家超级跑车制造公司——兰博基尼汽车公司，同时高薪聘请人才，拼命地工作起来。

1963年，在意大利都灵车展上，兰博基尼公司生产的跑车成为黑马，打败了法拉利推出的顶级跑车。因为法拉利的不屑，兰博基尼从默默无闻的拖拉机制造商变成了世界级的跑车制造商。

面对别人的不屑，愤怒解决不了问题，消极失意更是一种愚蠢的选择。把这些不屑当成自己前进的"祝福"，在不屑中发现自己的不足，化不屑为力量，这才是正确的人生选择。

你要走自己的路，让别人来复制你的成功

成功是有秘诀的，那就是发现自己的长处，经营这种长处，找到适合自己的位置。我们假设一下，假如你现在所从事的工作不是你擅长的，那么你想在工作当中做出成绩将是非常困难的。

在人生当中，做什么样的事情才最好，这样的疑问困扰着许多人。要知道这样的选择直接关系着今后人生的发展，选择对了，人生将走向一个别人羡慕的高度；选择错了，那么人生势必走进低谷。其实，这个问题并不难解决，最好的答案就是在你选择的时候，要从自己的实际情

况出发，走自己的路，适合自己的才是最好的。

有些人羡慕别人取得的成就，于是把别人的选择当成自己的选择来奋斗，走别人走过的路，但最终却因为"水土不服"而失败，这样的例子数不胜数。要知道别人的成功经历不一定适合你，想要把别人的经历复制在你的身上，绝对是一个愚蠢的决定。

一个人不可能只有长处没有短处，有些人之所以能够在人生当中取得令人瞩目的成就，就在于他们了解自己，立足长处发展自己，并最大限度地克服了自身的缺点。

每个人都有远大的理想，都希望自己能够取得令别人羡慕的成就。这样的想法不错，但是在行动之前，一定要先问一下自己，这样的梦想适合你吗？你到底适合做什么？假如头脑发热，盲目地行动，那么最终的结果必将是痛苦的、失败的，受到伤害的终究还是你自己。所以在人生当中，要立足自身，找到适合自己的事业，这样才能真正地抓住成功的脉搏。

成功是有秘诀的，那就是发现自己的长处，经营这种长处，找到适合自己的位置。我们假设一下，假如你现在所从事的工作不是你擅长的，那么你想在工作当中做出成绩将是非常困难的。我们的精力有限，所以必须将力量用在长处上，往最适合我们的方向上发展。

世界知名的美国作家马克·吐温，早年曾经在商海当中打拼过一段时间。他见当时的打字机比较热销，于是投资开发新的打字机项目，但最后失败了，赔掉了5万美元的积蓄。再后来，他看到那些出版商因为销售自己的作品而发了大财，觉得自己也能这么做，于是他就创办了一家出版公司。虽然他能写出非常好的书，但却没有管理公司的才能，很快，他的公司就陷入财务危机当中，最后不得不破产了。先前富庶的他也被拖累，生活一下子穷困起来。

经历了这两次失败，马克·吐温这才意识到，在他充满文学细胞的大脑中，并没有什么特别的商业才能，于是打消了再次经商的念头，开始全心全意地投入到演讲和写作当中。在从事这些活动的过程当中，他思维敏捷，妙语连珠，完全没有经商时那种处处窘迫的感觉。靠着文学上的成功，不久之后，他彻底还清了之前经商失败而欠下的债务。

马克·吐温的长处显然是文学创作，而经商则是他的短处。在开始的时候，他羡慕别人因为经商而富有的经历，于是放弃自己的长处，下海经商，结果两次都以失败而告终，不仅没有收获什么财富，反而欠下了一大笔债务。在他想明白失败的原因之后，转而专注自己的长处，这才使得他的人生成功起来。

在这个社会当中，每个人都有自己的长处和发展方向，找到最合适自己的职业，尽最大的努力就是成功。假如我们违背自身的特点，片面地借鉴别人的经历，走别人的路，那么不管我们怎么样努力，成功也不会降临到我们的身上。

找到了适合自己的路，那就一直走下去，不管在别人眼中多么平凡的职业，只要适合你，并能坚持下去，最终就会有所成就。假如你在自己的人生道路上因为遭遇到了困难，妥协了，放弃了，那么即使之前选定的人生之路再怎么适合你，你也成不了什么气候。

时下风头最劲的互联网企业家高燃，是所有"80后"的楷模。他小时候非常聪敏，而且家境也不错，父母和周围人对他的期望非常大，希望将来他能够有所建树。但是之后他的家境衰败下来，不得已，为了能尽快工作，为家中承担一部分责任，他就读了中专。

在他17岁那年，中专毕业，只身前往深圳打工。他并没有像其他打工的人那样，满足现状，为了温饱而活着。他通过自学外语，进入了一家外资企业工作。在这家公司里面，他通过自己的奋斗，职位获得了提升，不到半年的时间就管理了一个 100 人的大团队。但是之后他发现这样的工作并不适合他，于是辞职回到了湖南老家，进入当地一所高中，在高三插班，半年之后参加高考，并以优异的成绩考入了清华大学新闻系。

高燃大学毕业之后，做了半年的财经记者，觉得 IT 行业非常适合自己，所以当时的他义无反顾地辞掉了记者的工作，投身于互联网行业。2008 年，他和自己的一个清华同学一同创办了一家互联网公司，专门做网络视频直播业务。仅仅 8 个月的时间，他的公司就获得了几百万风险投资，实力壮大了起来。在之后的日子里，他们先后为搜狐、新浪等门户网站提供网络直播服务，一举成为国内网络直播业务领域内的龙头企业。

高燃的成功告诉我们什么呢？在人生的探索当中，找到了适合自己的行业，就要勇敢地拼搏，只有这样，我们人生的道路才会变得宽广起来。要知道，在很多时候，困难并不是什么不可逾越的东西，只要你有足够的勇气，那么就能跨越过去。

适合自己的，才是最好的。但在这个前提下，有的人成功了，有的人却止步于成功的大门之外，这是为什么呢？原因就在于，有的人能够勇敢地面对挫折，迎接挑战，用几年甚至几十年的时间坚守自己的理想，而有的人却在困难面前丧失了前进的勇气，半途而废了。

总之，在人生的道路上，不要痴迷于别人成功的道路，寄希望于模仿别人成功的模式让自己也有所收获，是非常幼稚的。人和人存在着差别，适合别人的道路不一定适合你自己。所以要立足自身的长处，找到适合自己的发展方向，一路勇敢向前，只有这样，将来的日子里才会收获成功。

第五章

你做了情绪的主人，就不必担心"气压"高

　　生气不仅无济于事，还会伤害到我们自己。这个道理谁都懂，但总有一部分人遇事忍不住生气。这是因为他们被自己的情绪所左右。因此，我们要做情绪的主人，要控制住情绪，才能做到遇事不生气，不因为生气而造成烦恼和其他不利。

这世界上，没有不可被原谅的事

在生活中，每个人都或多或少的遇到过他人的某种伤害，这是在所难免的。只有学会原谅那些曾经伤害过自己的人，才可以化干戈为玉帛，使自己的人生更加快乐幸福。

有的人认为不必原谅别人，既然已经造成了对自己的伤害，即使不让他加倍偿还，也要以牙还牙、以眼还眼，并没有原谅的余地。

有的人认为原谅不原谅要看对什么人和什么事情，应该原谅的人和事情可以原谅，不该原谅的人和事情就不能原谅。

无论是什么人或什么事情都应当给予原谅。事情既然已经发生了，一定有其主观和客观的多种原因，无论造成的伤害有多么大，都要善意地、冷静地、客观地去分析那些原因，真心实意地原谅别人，这样才可以化解隔阂，消除对斥，增进友谊，收获快乐。

在生活中，每个人都或多或少地遇到过他人的某种伤害，这是在所难免的。只有学会原谅那些曾经伤害过自己的人，才可以化干戈为玉帛，使自己的人生更加快乐幸福。

你对别人好，未必赢来别人对你的好。为了让自己的心态不会发生偏移，继续与人为善，就要学会原谅别人，原谅他的无礼，原谅他的不厚道，原谅他的不礼尚往来。原谅他，说出来很简单，如果从心底真正地做到原谅，根除芥蒂，不仅需要有广阔的胸怀、大气的秉性，还需要有一颗智慧的心。我们要让对方明白我们迁就了、忍让了，你可不能再得寸进尺；我们之所以原谅，是为了你好，我好，大家更好，而不是所谓的怕你。只有在平等之下的原谅，才会彻底，才会转不和谐、不和睦为平安，为安定。当然，不再耿耿于怀，不再纠结于过去，心底无私天地宽，需要时间，也就是说原谅别人是段心理历程。有的人生气了，一转身，便释然了，想开了；有的人则不同，一旦一个疙瘩系上了，一辈子也难解开，有的人甚至是不想去解，自己煎熬，家人、朋友、同事也跟着难受。何苦呢？不过，就原谅来说，最痛苦、最挣扎、最难受的则是不能原谅自己。

有一个母亲，由于她的疏忽，孩子从 3 楼摔了下来，跛了一条腿。她很自责，一夜之间，白了半边头，家人劝她想开些，事情都发生了，别让孩子心里留下阴影。可是这个母亲就是无法原谅自己，轻松地生活。郁闷成灾，几年后，她得了癌症，离开了人世，留下个残废、痛不欲生的孩子。人无完人，谁都会犯这样那样的错误，我们在试着原谅别人的同时，也要学会原谅自己。

宽容是一种修养，更是一种美德。宽容不是胆小怕事，而是海纳百川的大度。宽容的人把伤害当成一种鼓励，用安静的状态和心境体会自己的生活轨迹，不会有得失的计较，不会有对一切的不理解，会正视自己的不足，会体谅别人的疾苦。实际上伤害没有什么大不了，只是你眼里和心里放不下，觉得面子才最重要。宽容的人展现的是一种美，是人性美的体现。遇人遇事，都以宽容和坦然的姿态面对，不去过分追求自己的得失，不去计较自己的面子，实际上你宽容的退步，就是对你人生的历练与磨砺。

人在社会上难免会有合不来的人，或者直接可以称为敌人。像毛泽东这样的人都难免会有不少敌人，何况我们芸芸众生。对于敌人，十几年以来，我有时候会想："我多么本分的一个人，你要和我作对，总有一天，我要让你尝尝后悔的滋味。"可以想象，有我这样想法的人远不止我一个，这里也许就包括我的敌人。是的，生活在这个群体生活当中，我们注定要和各种各样的人交往，人与人之间又存在着很大的差异，一个人的年龄、思想、性别、个性、喜好等，决定了这个人的修养、涵养和处世态度。不可能每个人都和自己一样，也不可能每个人都能了解你、理解你。所以生活中不可能没有误解、矛盾及冲突，这时候需要我们学会宽容。俗话说"忍一时风平浪静，退一步海阔天空。"当遇到不如意的事情，我们应该学会退一步来权衡这件事的好坏，或许退一步会是别样的精彩，这样对自己是一种释放，对别人也是一种解脱。

有人说宽容是软弱的象征，其实不然，有软弱之嫌的宽容根本称不上真正的宽容，宽容是人生难得的佳境，是一种需要操练、需要修行才能达到的境界。宽容，首先包含对自己的宽容。只有对自己宽容的人，才有可能对别人也宽容。人的烦扰一半来源于自己，即所谓的画地为牢，作茧自缚。只有承认自己某方面不行，才能扬长避短，才能不因嫉妒之火而吞灭心中之火的灵光。宽容地对待自己，就是心平气和地工作、生活。这种心境才是充实自己的良好状态。

当然，宽容更应是"严于律己，宽以待人"。轻易原谅自己，那不是宽容，是懦弱。"宽以待人"，也要看对象，宽容不珍惜宽容的人，是滥情；宽容不值得宽容的人，是姑息；宽容不可饶恕的人，是放纵。宽容更不是无原则的宽大无边，而是建立在自信、助人和有益于社会基础上的适度宽大，必须遵循法制和道德规范。对于绝大多数可以教育好的人，宜采取宽恕和约束相结合的方法；而对那些蛮横无理和屡教不改的人，则不应手软。从这一意义上说"大事讲原则，小理讲风格"，则是应取的态度。

宽容是一种博大，博大的心不会患得患失，博大的心可以包容人世间所有的喜怒哀乐。当一个人有了宽大的胸怀，有了可以容纳万物的心，才能够成就一番事业，才能够快乐而幸福地生活。

世界上没有什么是不能被原谅的，生活中，每个人都会犯错，不管错误的大与小，都有他（她）犯错的原因。像女孩儿第一天上班，本想好好地表现，并不是有意弄坏酒杯，但是越小心翼翼，就越会出错。领班理解初来乍到的她，理解她此刻的心情。所以，理解是原谅别人的根本。当你能理解原谅他人的过错，彼此便不再有隔阂。

将怒火扼杀于摇篮，你就不会被伤害

当一个人不知如何处理痛苦时，就会把它扩散到周围的人身上，当你痛苦时，也会让周遭的人感到痛苦，这是很自然的事。所以我们要学习如何处理自己的痛苦，才不会让它四处扩散。

如果有人做了让我们生气的事，我们就觉得很愤怒，往往想以同样的方式激怒对方，让他也同样受苦，如此自己便觉得安慰些。我们会想："你害我那么痛苦，我要惩罚你，给你一点儿苦头吃。只要看到你痛苦，我就会觉得好多了。"许多人都相信这幼稚的行为，但实际上，当你使对方痛苦时，他也会反击，好让自己舒坦些。结果双方的痛苦不断加深，谁都得不到好处。其实这时你最需要的是慈悲与帮助，没有任何人应该得到惩罚。

当生气时，回到你的心，好好地照顾愤怒。如果有人让你痛苦，你就回到自己的痛苦，好好地照顾它。这时什么都不必说，什么都不要做，因为生气时的言语或行为，只会给彼此带来更多伤害。

有这样一对生活在农村的夫妻，长年以耕作为生。在刚刚成家的一段日子里，他们总是会因为一点点小事儿发生口角。时间一长，严重影响了夫妻间的感情。

一次他们又因为说话口无遮拦而大打出手，左邻右舍都前来劝和。

其中一位 80 多岁的老人为这对夫妻俩讲述了他和老伴年轻时的故事。

原来老人年轻时也经常和老伴吵架，后来他发现两个人过日子必须有一个人谦让对方，人无完人，不要苛求对方，凡事先找自己的原因。于是他每当要和妻子发生冲突时就哈哈大笑，无论什么环境下屡试不爽。就这样，老两口的后半生再也没有发生过口角，老头让了老伴足足一辈子，直到 80 多岁，生活得十分美满。

这对夫妻听后，对老人十分感激。双方在今后的生活中也运用了这个方法。也像老夫妻一样，从此再也没有吵过架。

大多数人都不会如此处理愤怒，因为我们不愿回到自己，只想抓住对方，好好地惩罚他。想想看，如果你家着火了，最重要的事是回家灭火，而非追打纵火的嫌疑犯。如果只想去追打纵火嫌疑犯，房子很快就会烧光，这就太不明智了。这时真正该做的事是回去灭火。同样的，当你很生气时，如果还一直与对方争论，甚至想要惩罚他，你的表现就如同那个追纵火犯的人了。

熄灭怒火是不简单的，只有智慧的人才可以控制情绪，收放自如。我们只有通过自修，才能智慧如海，明理通达，也才能把所有的怨恨、荣辱化为忍耐、宽容。不生气，修炼人生的高境界；点亮心灯，驱除心中的阴影；清醒理性，增强对"生气"的免疫力。让我们拈花一笑，把所有的烦恼化为甘甜。那么生气会给人们身体造成哪些伤害呢？

1. 生气等于慢性自杀

①生气是人生健康的一大杀手；

②生气是用别人的错误惩罚自己；

③一时的冲动可能会毁掉你的一生；

④愤怒的情绪会"炸掉"一切；

⑤大怒是使身体致病的第一因素；

⑥爱生气的人不可能长寿。

2. 不生气是人生的一种高境界

①不生气是人生的一种境界和气度；

②平和的心态使人生更有意义；

③保持和气，与人为善是人生快乐的秘诀；

④追求成功者，需要对人心平气和；

⑤平静安宁的心境是修养心性的必修课程；

⑥克己制怒是成功者必备的修养；

⑦生气会损害你的身体健康；

⑧小事别计较，闲气生不得。

3. 别让坏情绪毁了你

①做自己命运的至高统治者；

②追求和谐的生活，保持身心健康；

③学会让自己的情绪转向；

④学会遗忘，人生会更轻松；

⑤痛快地扔掉自己的"情绪包袱"；

⑥为自己选择无害的发泄方式；

⑦学会控制自己的坏脾气。

4. 快乐的心态是根除生气的良药

①快乐的心态是可以治病的良药；

②快乐的生活源于感恩的心态；

③如果心态是正确的，你的世界也是正确的；

④保持良好的心态，不要自己打败自己；

⑤看开一切，快乐地面对人生；

⑥用内心的阳光照耀自己，也照耀别人；

⑦把光线放进去，黑暗自然会逃走。

5. 生气不如长志气

①不要因嫉妒他人而生气；

②与时俱进，不断地改变和提高自己；

③积极努力，让自己得到升华；

④应当为别人超越自己而高兴；

⑤化嫉妒为上进的动力；

⑥增强竞争意识，替代嫉妒之心。

当生气时，我们会倾向相信愤怒是由别人所造成，而将所受的痛苦都责怪到别人身上。但是如果深入地观察就会明了，造成痛苦的主因，其实是内心那颗愤怒的种子。因为很多人面临与你相同的情况时，都不会那样生气，虽然他们也听到相同的话或看到相同的情形，但是心都能保持冷静而不被愤怒之火所转。为何你却那么容易生气呢？那是由于你内心愤怒的种子已成长茁壮，你从未好好留意它，以致让它获得太多的灌溉了。

每个人的意识里都深藏着愤怒的种子，但是有些人的愤怒种子，比正面的爱与慈悲的种子还强大，这可能与过去从未修行有关。当我们不断地滋养正念的能量，很快就会发现，原来造成痛苦与悲剧主因的并非别人，而是自己内在愤怒的种子，这才停止责怪别人，因为我们了解他人只不过是造成痛苦的次要原因而已。

当一个人不知如何处理痛苦时，就会把它扩散到周围的人身上，当你痛苦时，也会让周遭的人感到痛苦，这是很自然的事。所以我们要学习如何处理自己的痛苦，才不会让它四处扩散。

假如你是一家之主，一定会希望家人都很平安——你很慈悲，不允许自己的痛苦伤害家人，而且你知道痛苦不是个人的事，快乐也是如此，所以会学习如何处理痛苦。

当人不知如何处理愤怒时，会很无助、痛苦，也会使周遭的人痛苦。这时你可能会生气而认为他应该得到某些惩罚——他曾经使你受苦，所以你想惩罚他。但是经过 10～15 分钟的行禅与观照，你开始了解他真正需要的是帮助而非惩罚，这是非常好的洞察。

这个人可能是与你很亲近的人，是你的妻子或丈夫。想想看，如果你不帮助他，还有谁能帮助他呢？

你知道如何拥抱愤怒而觉得舒坦多了，但是当你看到对方还很痛苦时，就会有股想要回到他身边的动力，因为除了你没有人可以帮助他。你会充满想要帮助他的渴望，再也不想惩罚他，这是个完全不同的想法，你的愤怒已经转化成智慧了。

生气虽然是种心理现象，但与体内的生化元素息息相关。因此，生气会立刻使肌肉紧绷，但是一旦知道如何微笑，身体就会开始放松，怒气也会渐渐消散。微笑可使正念的能量从内心升起，帮助你接受愤怒。

你拒绝了抱怨，就能牵上幸运女神的手

人在面临困境的时候，不要抱怨命运，因为抱怨不但会让自己内心痛苦不堪，而且在怨天尤人的愤怒情绪中，只会把事情搞得越来越糟，把解决问题的机会再次错过，抱怨除了使自己对待他人的态度很恶劣以外，还会令自己一事无成。

不能因为月缺，我们就说月球不是圆的；不能因为日食，我们就说太阳不是永恒的。任何一天都有好与坏，没有哪一天、哪种环境是百分之百的"好"。我们之所以常常会抱怨生活的不公平，是因为我们对自己的处境总是抱着一种悲观、抱怨的看法，而不是一种乐观、快活的看法。

一天，通用公司要裁员，名单上有内勤部办公室的艾丽和密娜达，公司规定一个月之后她们必须离岗，当时她俩的眼圈都红红的。第二天上班，艾丽的情绪仍很激动，跟谁都没有什么好脸色，仿佛吃了枪药，她不敢找老总去发泄，就跟主任诉冤、找同事哭诉："凭什么把我裁掉？我干得好好的。""这对我来说太不公平了。"她声泪俱下的样子，让人心生同情，但大家又不知该怎样劝慰她。而她只顾到处诉苦申冤，以至于她的分内工作：订盒饭、传送文件、收发信件等都耽误了。

她原本是个很讨人喜欢的人，但现在她整天气愤愤的，许多人开始有些怕和她接触，都躲着她，后来就有点儿讨厌她了。

而密娜达在裁员名单公布后，虽然哭了一晚上，但第二天一上班，她就和以往一样干开了。由于大伙儿不好意思再吩咐她做什么，所以她便主动向大家揽活儿。面对大家同情和惋惜的目光，她总是笑笑说："是福跑不了，是祸躲不过，反正这样了，不如干好最后一个月，以后想干恐怕都没机会了。"她仍然每天非常勤快地打字、复印，随叫随到，坚守在她的岗位上。

一个月满，艾丽如期下岗，而密娜达却被从裁员名单中删除，留了下来。主任当众传达了老总的话："密娜达的岗位，谁也无可替代，密娜达这样的员工，公司永远不会嫌多！"

人在面临困境的时候，不要抱怨命运，因为抱怨不但会让自己内心痛苦不堪，而且在怨天尤人的愤怒情绪中，只会把事情搞得越来越糟，把解决问题的机会再次错过，抱怨除了使自己对待他人的态度很恶劣以外，还会令自己一事无成。

其实上苍真的很公平，那些抱怨它的人只是因为没能发现命运放在他们身边的那些赏赐，常常舍近求远，到别处去寻找，找不到，就开始抱怨，而实际上机遇往往就在你的脚边，正确地讲，就在你的心里。

1972年，新加坡旅游局给总理李光耀打了一份报告，大意是说：我们新加坡不像埃及有金字塔，不像中国有长城，不像日本有富士山。我们除了一年四季直射的阳光，什么名胜古迹都没有，要发展旅游事业，实在是"巧妇难为无米之炊"。

李光耀看过报告，非常气愤。他在报告上批了一行字：你想让上帝给我们多少东西？阳光，阳光就够了。

后来，新加坡利用那一年四季直射的阳光，种花植草，在很短的时间里，发展成为世界上著名的"花园城市"，连续多年，旅游收入居亚洲第三位。

有时候，命运在向你关闭一扇门的同时，又为你开启一扇窗。世上的任何事都是多面的，我们看到的只是其中的一个侧面，这个侧面让人痛苦，但痛苦却往往可以转化，任何不幸、失败与损失，都有可能成为我们有利的因素。

面对不幸，面对困境，我们所要做的不是怨天尤人，自暴自弃，而是应该不断捕捉生存智慧，承受苦难，直面打击，在挫折中使自己不断成长起来。

一个自以为很有才华的人，一直得不到重用，为此，他愁肠百结，异常苦闷。有一天，他去质问上帝："命运为什么对我如此不公？"上帝听了沉默不语，只是捡起了一颗不起眼的小石子，并把它扔到乱石堆中。上帝说："你去找回我刚才扔掉的那个石子。"结果，这个人翻遍了乱石堆，却无功而返。这时候，上帝又取下了自己手上的那枚戒指，然后以同样的方式扔到了乱石堆中。结果，这一次，他很快便找到了那枚戒指——那枚金光闪闪的金戒指。上帝虽然没有再说什么，但是他却一下子便醒悟了：当自己还只不过是一颗石子，而不是一块金光闪闪的金子时，就永远不要抱怨命运对自己不公平。

如果我们在平凡的生活中坚持磨砺自己的意志和品格，最终把自己打磨成一块闪闪发光的金子，那么，任何人都掩不住你灿烂夺目的光辉。

能够忍受不公平的待遇，并且以平常的心态对待，这是人生的一个境界，也是我们努力追求的方向。坦然面对生活，用微笑来迎接一切困难。

多年前，当时任美国财政部长的阿济·泰勒·摩尔顿到南卡罗来纳州一个学院对全体学生发表演说，她走到麦克风前，先是将眼光对着听众，由左向右扫视了一遍全场，然后开口说："我的生母是聋子，因此她没有办法说话，我不知道自己的父亲是谁，也不知道他是否还在人间。我这辈子找到的第一份工作，是到棉花田去做事。"

台下的听众全都呆住了，她继续说："一个人的未来怎么样不是因为运气，不是因为环境，也不是因为出生的状况，如果情况不尽如人意，我们总可以想办法加以改变。一个人若想改变眼前充满不幸或不尽如人意的情况，只要回答这个简单的问题：我希望情况变成什么样？然后全身心投入，采取行动，朝理想目标前进即可。"接着她的脸上绽现出美丽的笑容。

假如当初阿济·泰勒·摩尔顿一味慨叹命运的"不公平"，一味抱怨"生不逢时"，那就肯定无法摆脱"到棉花田去做事"的境遇，更不用说成为美国的财政部长了。

倘若你在茫茫大千世界里，在漫漫人生旅途中，正视不公平现象，做一个顺应世事、安分守己的平凡之人，努力上进，做你自己应该做的事，那么很快你就会脱颖而出，并且找到快乐。

古往今来，许多成功的人都是乐观、豁达、心地坦然的。他们蔑视权贵、淡泊名利，善于享受真正的生活，善于发掘蕴藏在生活中的无穷快乐。他们之所以总是充满着幸福和快乐，也许正是由于他们从不抱怨命运，而是想方设法让他们那富有的心灵充满着创造的活力。

和人争执，你只会平添无谓的烦恼

只要有争执，在精神上一定会留下伤痕，伤身、伤神，且失去了亲情、朋友，甚至结了仇家。与其争得一时之气，不如悠悠闲闲吹一个下午的风。

有时，我们总把自己眼前的得失看得太重，使我们反而忘记了自己本来的方向。有时，我们为了一点儿利益就争得不可开交，反而让我们失去了更多。有时，我们就像那两个为了一个橙子而争夺的孩子，因为争执，使自己失去了一半的果肉。

爱因斯坦与玻尔在历史上曾有过一次关于量子力学的著名论辩。然而，这次长达数月的激烈论战最终却使双方不欢而散，两人也因此交恶，学术上再鲜有往来。而百年后的今天，当我们再看那一次世纪论战的时候，发现当时双方的观点其实都有问题，但又都有一定正确性。

如果百年之前的两人可以尽弃前嫌，静下心来不再去争执，为共同的科学理想去努力，或许这将又是科学史上的一段佳话啊。不仅是那些大师与伟人，对于我们平常的普通人也一样。不必再与父母为一些家庭琐事而争吵，不要再与同事为谁干的多、干的少而计较，何苦再与同学因一道题的解法而争执不休。当我们把那些争执放下时，当我们彼此了解了对方的真正想法与真正所需时，我们就可以得到那或许本不可得到的另一半的"果肉"。

王先生在一家健身器材店看好一个跑步机，由于当天不方便，就与店员说好过几天再来取货付款。但后来听朋友说，这种跑步机放到家里不太合适。这天，王先生又来这个健身器材店，打算看看有没有更合适的健身器。几天前的那位店员热情地接待了他。

店员："王先生，您好，前几天，您看了我们店的健身器，我想了解一下，您现在觉得怎么样？适合您吗？"

王先生："某些功能倒是挺好的，只是这种健身器太占地方了。"

店员："您那天不是说，您锻炼需要这个吗？这个健身器真的很适合您！"

王先生："不行，我要考虑如果买回去，放在家里，以后会少很大一部分生活空间。"

店员："这才过了几天呀，您怎么突然觉得不适合了呢？您开始不是非常想买这台健身器吗？"

王先生："可以跑步的路那么多那么宽，我可以每天在外面锻炼身体。"

店员："外面环境污染太严重，这对您的身体极为不利，我觉得您十分需要这台健身器。"

王先生："这是什么道理，你为什么非拉别人买你的东西！再见！"

店员："您这个人怎么这样……"

上述案例中的店员对客户王先生的观点进行过多的辩解，甚至让人感觉到步步紧逼。结果是，商家在失去一个客户的同时，也失去了很多潜在的客户，因为没有一个客户愿意花钱买罪受。因此，店员永远不要与客户发生争执，不论你是对的还是错的，结果都是对你不利的。

不要因为小小的争执，远离了你的至亲好友；也不要因为小小的怨恨，忘记了别人的大恩。有人的地方就有矛盾，两个人在一起难免有争执，通常还是为些小事争执。夫妻之间、亲子之间、朋友之间、同事之间，平时感情很好，可是总是喜欢为生活中的小事情而争执，事后又后悔。

只要有争执，在精神上一定会留下伤痕，伤身、伤神，且失去亲情、朋友，其至结了仇家。与其争得一时之气，不如悠悠闲闲吹一个下午的风。

佛陀告诫世人：要戒争执。他预言了末法时代的必然存在和必须到来，同时在预言里回答了末法时代将出现哪些事。这些事记载在《大集经》第五十六卷"法灭尽品"里，其中一个为"男女等皆嗔，复令心变恶，互共相门诤"。意思是男人和女人全都嗔怒，心变恶，相互之间发生门派争斗。

比丘戒中有一类戒为灭诤，是止灭僧尼诤论所设的方法规定。因有七种，又称七灭诤。所谓灭诤法即大家意见不合，争执起来时，要面对面开诚布公地互相表白说明，解除彼此之间的误解。一旦化除争执，事后则不可再有议论，不可背后再搬弄是非。

佛陀还让人戒嗔，嗔恨是失佛法之根本，堕恶道之因缘。因嗔恨故生怨，以怨心生故便起心恼。当初，如释提婆那以偈问佛：何物杀安乐，何物杀无忧。何物毒之根，吞灭一切善。佛以偈答言：杀嗔则安乐，杀嗔则无忧，嗔为毒之根，嗔灭一切善。所以，为人处世，不可心存怨恨。

怨恨苦是人生第七苦。佛说：当爱不能弥合时，就会用感性方式来实现——怨恨，所有外在的怨恨都会被反弹而伤及自己，所有内在的怨恨都会伤及别人。

有一则新闻报道：一个 13 岁小女孩因琐事与父母发生矛盾后，偷偷拿了家里的 8000 元钱离家出走，其家人苦苦寻找 7 天没有结果，无奈之下向公安机关报警。民警通过多方努力后，小女孩终于同家人团聚。

朋友之间的纷争也屡见报端：一男子因小事与朋友反目，引爆炸药与其子同归于尽；争女友好朋友反目成敌，决斗动刀一人当场被捅死；争付酒钱反被好兄弟打伤，好意险致朋友反目。本来是好朋友，转眼已经成了仇敌。

还有一些儿女非常怨恨自己的父母。有的儿女提起自己的父母便牢骚满腹，主要是埋怨父母对其中一个孩子的过分偏向，造成了难以调和的家庭矛盾。还有的儿女，根本就不愿意谈及自己的父母。

儿女对父母不好，肯定有原因。有时候，矛盾的产生和激化，过错不一定都在儿女身上，父母的确有一定的责任。但是，父母毕竟给了你生命，养育之恩，水不能溺，火不能灭。这是最值得你去感恩和报答的。也许由于他们的原因，给你的人生蒙上了抹不去的阴影，但你不能因此钻进牛角尖里出不来。凡事想开一点儿，要善于化解怨恨，不要和自己过不去，也不要和父母过不去。

人与人相处，应以忍让、善解、包容与感恩的态度来对待，不要因为小小的争执，远离了你的至亲好友；也不要因为小小的怨恨，忘记了别人的大恩。以慈悲为怀，莫与人结怨。人皆有佛心，若能以仁善为人，则是渡己又渡人。

一笑而过，是你对别人指责和背叛最好的回报

我们无法阻止别人对我们做出不公正的指责，但完全可做一件事，一件或许更为重要的事，即是否因此而烦恼，是否要让自己因此而受到干扰。说得更明白些，并不是说对所有指责和批评都完全不理会，要强调的是，不要理会那些不公正的指责。

我们谁也避免不了他人不公正的批评，尽管我们很难不让这样的事发生，但至少我们可以做到，不会因此感到烦恼。我们可以决定自己是否要让自己受到那些不公正批评的干扰。

谨记这一点：如果你听到有人在恶意中伤你，你甚至不必回头去看是谁在出口伤人。钢铁巨人查尔斯曾在普林斯顿大学发表演讲时说，他平生最重要的一课，是从他手下的一位德国老工人那里学来的。因为战争，这位老工人与其他人吵了一架，被丢到了河里。斯威伯先生说："他走进我的办公室，浑身是泥，我问他说怎么对付那些将他丢到河里的人？他说："我只是笑笑。"后来，这位德国老工人说的这句话就成了斯威伯的座右铭。

当我们遇到不公正的指责时，这句话最为适用。别人骂你，你当然可以骂回去，但对于那些"只是笑笑"的人来说，你还能说什么呢？即使我们无端受到指责，成为别人的笑柄；即使我们被人欺骗，被最最要好的朋友出卖；即使我们被人暗算……也不要纵容自己不快乐的情绪。

时刻提醒自己，想想耶稣基督的遭遇，在他最亲密的十二门徒中，竟有人为了几个可怜的赏金而出卖了他。而另外一个门徒，居然在他遇险时公开背叛他，三次赌咒发誓，表示自己根本不认识耶稣。身边最亲密的人中，六分之一都背弃自己而去。这就是耶稣所经历的事情，那么，我们为什么还希望自己能比他更幸运呢？

我们无法阻止别人对我们做出不公正的指责，但完全可做一件事，一件或许更为重要的事，即是否因此而烦恼，是否要让自己因此而受到干扰。说得更明白些，并不是说对所有指责和批评都完全不理会，要强调的是，不要理会那些不公正的指责。

如果林肯总统当年没有对谩骂采取不理睬的态度，恐怕早因内战的压力而崩溃了。他曾写过一篇如何对待指责的文章，现在已成为传世之作。第二次世界大战时，麦克阿瑟将军把这篇文章抄下来，挂在总部办公室的墙上。无独有偶，丘吉尔首相也把这篇文章镶在框子里，挂在书房的墙上。这段话就是：

"如果我仅仅试着去读所有对我的攻击，更不用说去回应了，那么我不如关了门，去做别的生意。我竭尽全力做好自己的工作，始终如一地把事情做完。如果结果证明我是对的，那么无论他人怎么批评，都显得无关紧要了；如果结果证明我是错误的，那么即使花十倍的力气来说自己是对的，也无济于事。"

斯密特巴特勒少将，他的绰号叫"老锥子眼""老地狱恶魔"。在所有美国海军陆战队的统帅中，他就是那个最爱讲派头，最喜欢耍花样的一个将军。他年轻时的愿望是想成为一个最受欢迎的人物，总希望给别人留个好印象。那时他受不了任何的批评和责难，但在海军陆战队的30年让他变得坚强了。他说："我听到过很多人的咒骂与羞辱，有人骂我是狗、是毒蛇、是黄鼠狼，那些长于骂人的人把英文中所能想象得到的却不能写出来的肮脏字眼都用上了。这会不会让我觉得难受呢？现在即使听到有人背地里说我什么，我甚至不屑于回头看看是谁在骂我。"

或许你觉得巴特勒的处理方法太轻描淡写了。但在这儿要说的是，我们大多数人就是对一些鸡毛蒜皮的小事太过较真了。

那么，第一夫人伊莲娜罗斯福又是怎样做自己心中认为正确的事，面对那些不公正的批评的。众所周知，作为第一夫人，她所承受的压力是常人无法想象的。她身边聚集的热情的朋友和凶恶的敌人，比以前任何一任第一夫人都要多很多。她小时候其实是个很害羞的女孩，害怕别人的品头论足。因为这样的个性给她带来了很严重的心理压力，她不得不向自己的姨妈求助。

她对姨妈说："我想做这样一件事，但很怕会受到责怪。"

姨妈看着她的眼睛对她说："如果有别人要对你说三道四，你只要心中明白就对了。"

姨妈的这句话对伊莲娜影响至深，即使入主白宫后，她也从未忘却过这句忠告。在这位第一夫人的眼中，要想避免被指责和批评，唯一的方法就是去做自己心中认为是正确的事。因为无论如何，你都会被批评。"做了是死，不做也是死，为什么不去尝试一下呢？"

在她看来，避免批评的唯一方法是，做自己心中认为是正确的事——你无论如何都会受到批评的。"做也是死，不做也是死，为什么不尝试一下呢？"这是她的忠告。

以德报怨，你的路将会越走越宽

别人给予你莫大的恩惠，你心怀感激报答他，是平常人容易做到的，说不上是君子。倘若他人给予你仅是滴水之恩，而你能涌泉相报，那么离君子就不远了。

以德报怨，是我们常听到的一句话，人们通常理解的"以德报怨"是什么意思呢？就是说：孔老夫子教导我们，别人欺负你了，你要忍，打掉牙往肚里咽；别人欺负你，你应该对他更好，要用你的爱心去感化他，用你的胸怀去感动他。

孔老夫子真的是这样说的吗？其实是我们断章取义了，因为在孔老夫子这句"以德报怨"的后边还跟着一句话，什么话呢？子曰："以德报怨，何以报德？以直报怨，以德报德！"译成今天的话，意思是：一个人，倘若以"德"报了"怨"，那么他还拿什么去报别人的恩德呢？当别人对他好的时候，他又该怎么做呢？孔子认为应"以直报怨，以德报德"。如果他人有负于你，对不起你了，你可以用你的正直、耿介公正地对待这件事，而且要用恩德、仁爱的感恩之心回馈那些给你恩惠的人。

其实，在人们的意识里，更喜欢"以德报怨"。"送人玫瑰，手有余香"，如此美妙的感觉是人们所追求的。再如"送我以木桃，报之以琼瑶"。可见，在人们的日常生活中有很多以德报德的情景。"以德报德"不仅是一种美德，更是一种智慧，是一种大雁跋涉般的坦荡。

　　"以德报德"使君子高于常人。俗话说："知恩图报"。别人给予你莫大的恩惠，你心怀感激报答他，是平常人容易做到的，说不上是君子。倘若他人给予你仅是滴水之恩，而你能涌泉相报，那么离君子就不远了。倘若他们给予你的仅是一声问候、一个微笑，而你却能心怀感激地给予同样的回应，那么你已经是君子了。

　　君子坦荡荡，小人长戚戚。君子心中有一份操守，不计较个人恩怨，则常坦荡荡。而小人则睚眦必报，常想着如何去算计那些曾伤害过他的人，因此常戚戚。别人对你不好，你却安之若素，不与之计较，就已经有君子风范了。这与孔子所说"人不知而不愠，不亦君子乎"相似。别人不仅不了解你，还有损于你，你却不生气，则更是君子了。蔺相如处处忍让廉颇，不与之计较，也没有对之阿谀，就是所谓的"以直报怨"。中国古代贤者常常把以德报怨作为修身养性的重要方面，保持一个豁达的心态，是有利于养生的。元代吴亮所著《忍经》里记载这样一个王德用与人为善、以德报怨的故事。

　　王德用是宋初名将王超之子，因屡建战功，很快就被提升为殿前都虞侯，步军副都指挥使。当时有人通过行贿打通了刘太后，想通过刘太后走后门安排一个军吏。刘太后想了想，这个军吏并不是什么正式的官员，于是就答应了。她从内宫降诏，要王德用去办这件事，谁知王德用一口拒绝了。他对刘太后说："升补军官是军政大事，不能视为儿戏。"太后执意要王德用服从，王德用始终不从，弄得刘太后对他一点儿招儿也没有。后来，宋仁宗亲政后，审阅刘太后所批阅过的文件，发现王德用曾拒绝太后御旨这件事后，对王德用极为赞赏，认为王德用很有才干，能够委以重任，于是任命王德用为检校太保、签书枢密院事。王德用没有立刻接旨，他对宋仁宗说："我乃一介武夫，幸而陛下垂青，而且本人不学无术，不足以胜任如此重要的职务。"听王德用如此说，宋仁宗更坚定了重用他的决心，升王德用为知枢密院事。

谁知好景不长，王德用遭到弹劾。原来，王德用善于安抚士卒，即使是住在深巷中的妇女儿童和边远地区的少数民族，都知道他的姓名。王德用长得身材高大，相貌堂堂，脸黑但脖子以下全是白色的，与众不同，颇有特色。人们对王德用的长相议论纷纷，有的人甚至谣传王德用长相酷似宋朝开国皇帝赵匡胤。御史中丞孔道辅上书说王德用颇得人心，不宜久任枢密跟随在君王身边。皇上不得已，于明道二年（1033 年）十月改任王德用为宁武军节度使、徐州大都督府长史。王德用赶赴徐州任职时，皇上还赏赐亲笔诏书以示安慰。这之后孔道辅又以私买马匹为名陷害王德用，将王德用降为右千牛卫上将军，后又调任湖广随州刑置判官。官员们都为他感到恐惧，家人也惶恐不安，王德用却一如平常，没事一样，只是很少和宾客朋友来往罢了。这段故事在王安石《临川文集》中有记载。王德用忠诚朴实和乐平易，和人交往不猜忌，不责问人家的小过错，他的神色坚毅，有不可轻易冒犯的威仪。他所得到的俸禄和赏赐，大多都分给亲信同党之人。他擅长治理军队，宽厚仁爱爱护士兵，士兵也乐意被他调用。与士大夫交游，士大夫也多是佩服他的度量，认为他没有值得窥伺的地方。据说，王德用曾这样谢罪："宅枕乾纲，乃朝廷所赐。貌类艺祖，盖父母所生。"

孔道辅"平生以忠孝节义自任"，为官清廉，刚直不阿，关心民疾，"天下莫不以直道许之"。说起孔道辅，在当时也是个举足轻重的人物。孔道辅是孔子 45 代孙，自幼聪明好学，25 岁进士及第，为宁州军事推官。乾兴元年任太常博士，正逢章献太后临朝听政，受命之日，即疏请太后归政于皇帝。宋仁宗明道二年（1033 年）召道辅为右谏议大夫、御史中丞。他在任宁州的知府期间，宁州有个天庆观。一天，天庆观的真武殿里出现了一条黑色的蛇。观里的道士把蛇引到一个红漆的盘子里，供在神坛上。他们到处宣传说：真武大帝显圣了，黑蛇就是真武大帝的化身。州将正想前去验证一下，然后向上报告时，孔道辅率领部属前来朝拜，这条蛇果然又出来了。孔道辅立即举起笏板当即把它打死了，州将和他的部下大吃一惊，真武大帝的化身被打死了，这还了得！道士们脸色都变了，军官们也非常惊慌。大家都说："这一下可闯下大祸了，真武大帝要是发起怒来，宁州这地方可要遭殃了。"孔道辅不慌不忙地说："一条小蛇会有什么灵性呢？分明是道士弄来骗人的。打死蛇的是我，真武大帝如果真会发怒，就让他把祸事降在我一个人身上好了。你们用不着害怕！"在封建迷信盛行的社会里，人们把蛇看作是神，认为打死它会带来灾祸，由此可看出孔道辅的胆量和气魄。从此孔道辅名震天下。

康定元年，开封府小官冯士元犯罪牵连到参知政事程琳。仁宗把此案交给孔道辅审理。宰相张士逊既厌恶程琳，又想排挤孔道辅。他明知皇帝要治罪于程琳，却又假惺惺地让孔道辅为其求情。孔道辅不了解其用心，就照着办了。仁宗认为孔道辅与程琳结党营私，于是贬孔道辅为知郓州。在赴郓州时，正值天气严寒，行至韦城，孔道辅旧病复发而卒。得知孔道辅去世了，有一位朋友对王德用说："御史中丞孔道辅陷害你，今天他已经死了。这就是害您的人的下场！"王德用严肃地说："中丞是个言官，在其位言其事，怎么能说是害我呢？朝廷失掉一个忠臣，真是可惜。"说话的人为此感到惭愧，上下官员都佩服王德用有雅量。

有这么个小故事：

一天，苏东坡与惠崇和尚相遇，苏东坡看惠崇和尚穿着袈裟，手里拿着木鱼，有心和他开玩笑，于是笑着说："和尚，你知道你看上去像什么嘛？像牛粪。"惠崇和尚并不生气，他微笑着看了看苏东坡，然后说："施主，你知道你看上去像什么吗？"苏东坡想听听惠崇和尚怎么说，就问道："你看我像什么？"惠崇和尚回答道："我看施主像佛祖。"苏东坡心里不禁暗自发笑。回到家，苏东坡把这件事当笑话说给苏小妹听，苏小妹听后对苏东坡道："心存牛屎，看人都如牛屎；心存如来，看人都是如来。"东坡听了似有所悟。

善待他人必生福光，这是一条定律，悟出此番道理并付诸行动的人，才能受其益，知其妙。愿有造化之人沐浴在福光之中。

不断提升自己，你才有资格去改变世界

在我明白人生不是由环境决定而是由自己决定后，我生活的各方面开始有了转机。由我决定自己要成为什么样的人，做什么事，应该拥有什么，以及应该帮助谁。我也清楚了自己哪方面还可以做得更好。

目标的实现取决于你坚持改变自己的能力，进步贯穿于改变、成长和付出的过程。

如果你始终保持着追求舒适的态度而害怕改变，那你就会被同化。同一性是限制和阻碍你发挥最大潜能的框架或锁链。改变与进步需要你摒弃旧思想，吸纳新观念和新思想，最重要的是需要更坚强的毅力。要想取得大进步，你要有决心坚持与众不同的做事风格。如果你仍然没有赢得应有的财富、健康，没有处理好各类人际关系，没有获得自由和成功，那么你必须尽快努力改变，从而慢慢进步。你必须提高你在生活各个方面的目标：自信度、潜力、收入、幸福感等。为了彻底改变自己，我曾经做的一个最关键的决定是提高对自己的要求。

在我明白人生不是由环境决定而是由自己决定后，我生活的各方面开始有了转机。由我决定自己要成为什么样的人，做什么事，应该拥有什么，以及应该帮助谁；我也清楚了自己哪方面还可以做得更好。如果你总是容易满足，那你对自己的要求肯定会降低，因为你只与那些要求比你更低的人交往，你圈子里的人的生活目标决定你的目标。

罗伯特·西奥迪尼是美国著名的心理学家，是亚利桑那州立大学的心理教授。有一天，他在纽约结束了一天的工作之后，乘地铁去时代广场站。当时正值下班乘车的高峰期，人流像往常一样沿着台阶蜂拥而下，直奔站台。

突然，罗博特·西奥迪尼看到一个衣衫褴褛的男子躺在台阶中间，闭着眼睛，一动不动。

赶地铁的人们都像没看到这个男子一样，匆匆从他身边走过，个别的甚至是从他身上跨过，急着乘坐地铁回家。

看到这一情景，罗博特·西奥迪尼感到非常震惊。于是，他停了下来，想看看到底发生了什么。就在他停下来的时候，耐人寻味的转变出现了：一些人也陆续跟着停了下来。

很快，这个男子身边聚集了一小圈关心的人，人们的同情心一下子蔓延开来。有个男人去给他买了食物，有位女士匆匆给他买来了水，还有一个人通知了地铁巡逻员，这个巡逻员又打电话叫来了救护车，几分钟后，这个男子苏醒了，一边吃着食物，一边等待着救护车的到来。

渐渐了解到，这个衣衫褴褛的男子只会说西班牙语，且身无分文，已经饿着肚子在曼哈顿的大街上流浪了好几天。他是因为饥饿而昏倒在地铁站的台阶上的。

为什么起初人们会对这个衣衫褴褛的男子熟视无睹，漠不关心呢？

罗伯特·西奥迪尼认为，其中的一个重要原因是：在熙熙攘攘、匆匆茫茫的人流中，人们往往会陷入完全自我状态，在忽视无关信息的同时，也忽视了周围需要帮助的人。这就像一位诗人说的那样，我们"走在嘈杂的大街上，眼睛却看不见，耳朵却听不见"。在社会学中，这种现象被称为"都市恍惚症"。

为什么后来人们对这个衣衫褴褛的男子的态度会有了较大的改变呢？

罗伯特·西奥迪尼认为，其中的一个最重要的原因：因为有一个人的关注，致使情况发生了变化。当时，自己停下来，仅仅是要看一下那个处于困境的男子而已。路人却因此从"都市恍惚"中清醒过来，从而也注意到了这个男子需要帮助。在注意到他的困境后，大家开始用实际行动来帮助他。

因为看到别人的善举，而对自身的心理产生了冲击，进而引发出行善的愿望和行动，心理学家将这种变化称之为"升华"。心理学家的研究表明，帮助病人、穷人或者是其他处于困境中的人，最容易引起人们的"升华"。这些助人为乐的善事，不一定都是轰轰烈烈的大事，也不必像诺贝尔和平奖获得者特蕾莎修女在加尔各答帮助贫民时那样无私。

从心理学家罗伯特·西奥迪尼的故事中，让人联想到英国一位主教的墓志铭：

少年时，意气风发，踌躇满志，当时曾梦想改变世界。但当我年事渐长，阅历增多，发现自己无力改变世界。于是，我缩小了范围，决定先改变我的国家，可这个目标还是太大了。接着我步入中年，无奈之余，我将试图改变的对象锁定在最亲密的家人身上。但天不遂人愿，他们个个还是维持原样。当我垂垂老矣之时，终于顿悟：我应该先改变自己，用以身作则的方式影响家人。若我能先当家人的榜样，也许下一步就能改善我的国家，再以后，我甚至可能改造整个世界。

不错，自己先改变了，身边的一些人就可能会跟着改变；身边的一些人改变了，很多人才可能会跟着改变；很多人改变了，更多的人就可能会改变。在这个意义上可以说，先改变自己，就可能改变世界。

将自己看得轻点儿，你也会像天使一样腾飞

这个世界上，每个人都很重要，但是离了谁地球都照样地转。一个人可以自信，但不要自大；可以狂放，但决不能狂妄；可以健康长寿，但不可能万寿无疆；能够力挽狂澜，但绝不可能再造乾坤。

没有星空的夜晚依然非常美妙，没有日头的地球依旧每日环绕。在这个世界大舞台上我们或许都是主角也或许都是配角，彼此之间没有不可或缺，独自一人的时候应尽情地享受做自己的主角。

英国文学家萧伯纳一日闲着无事，同一个不认识的小女孩子玩耍谈天。黄昏来临时，萧伯纳对小女孩说，回去告诉你妈妈，说是萧伯纳先生和你玩儿了一下午，没想到小女孩子马上就回敬了一句：你也回去告诉你妈妈，就说玛丽和你玩儿了一下午。后来，萧伯纳对他人讲，人，

切不可把自己看得过重。

著名表演艺术家英若诚曾讲过一个故事。他生长在一个大家庭中，每次吃饭都是几十个人坐在大餐厅中一起吃。有一次，他突发奇想，决定跟大家开个玩笑，吃饭前，他把自己藏在饭厅内一个不被注意的柜子中，想等到大家遍寻不着时再跳出来。尴尬的是：大家丝毫没有注意到他的缺席，酒足饭饱，大家离去，他才蔫蔫地走出来吃了些残汤剩菜。从那以后，他就告诉自己：永远不要把自己看得太重要，否则就会大失所望。

一只骆驼，辛辛苦苦穿过了沙漠，一只苍蝇趴在骆驼背上，一点儿力气也没用，也跟着一起穿了过来。苍蝇讥笑说："骆驼，谢谢你辛苦把我驮过来。再见！"骆驼看了一眼苍蝇说："你在我身上的时候，我根本就不知道，你走了，也没必要跟我打招呼，你根本就没有什么重量，你别把自己看太重，你以为你是谁？"

苏东坡年轻的时候，是个傲气十足的人。一日在田间小路上行走，忽然和一个村姑狭路相逢。村姑挑着一担泥，两人互不相让。最后村姑提出她出一上联，若苏东坡能对上下联，她就甘心让路。村姑的上联是：一担重泥挡子路。苏东坡一听，这个上联可生了得，一时竟想不出下联。两边在水田里插秧的农夫大声笑。情急之下，苏东坡竟然大声回应：两旁夫子笑颜回。然后，苏东坡脱下鞋袜，为村姑让了路。

事实上，一个人的轻与重，贵与贱，绝不是自己能定下标准的。平静谦和，不事张扬，才是最重的分量。

俄国文学家列夫·托尔斯泰曾被一个贵妇人当作搬运工搬箱子，托尔斯泰十分愉快地完成了这项工作，并且得到了1卢布的报酬，当贵妇人得知这个搬运工是托尔斯泰时，羞得满脸通红，想要索回那1卢布，托尔斯泰却高兴地说，不，这是我劳动所得，和稿费同样重要。

总统里根，虽贵为总统，却能够把自己"看轻"。一个叫比利的男孩子，身患重病，不久于人世，听说这个孩子最大的愿望是做总统，于是里根把他请到白宫，让他坐在椭圆形办公室里，亲自给这个孩子做助手，帮他处理公务，直到这一天结束。

大学开学的日子，一个新生拦住了一个看门的大爷，让他照顾一下箱子。第二天才发现，这个看门的大爷，竟然是北京大学副校长、著名学者季羡林。这位学贯中西的学者，竟然能够如此看轻自己，也许，这正是他成为当代学人榜样的原因之一。

马俑坑至今已出土清理各种陶俑 1000 多尊，除跪射俑外，皆有不同程度的损坏，需要人工修复。而这尊跪射俑是保存最完整的、唯一一尊未经人工修复的。仔细观察，就连衣纹、发丝都还清晰可见。跪射俑何以能保存得如此完整？这得益于它的低姿态。兵马俑坑都是地下道式土木结构建筑，当棚顶塌陷、土木俱下时，高大的立姿俑首当其冲，低姿的跪射俑受损害就小一些。跪射俑作蹲跪姿，右膝、右足、左足三个支点呈等腰三角形支撑着上体，重心在下，增强了稳定性，与两足站立的立姿俑相比，不容易倾倒、破碎。因此，在经历了两千年的岁月风霜后，它依然能完整地呈现在我们面前。

被称为"美国人之父"的富兰克林，年轻时曾去拜访一位德高望重的老前辈。那时他年轻气盛，挺胸抬头迈着大步，一进门，他的头就狠狠地撞在门框上，疼得他一边不住地用手揉搓，一边看着比他的身子矮去一大截的门。出来迎接他的前辈看到他这副样子，笑笑说："很痛吧！可是，这将是你今天访问我的最大收获。一个人要想平安无事地活在世上，就必须时刻记住：该低头时就低头。这也是我要教你的事情。"

　　一对夫妻因为一点儿琐事吵架。为了杀杀丈夫的锐气，妻子决定以离婚相要挟。于是，一向霸道的她自拟离婚协议书，所有的一切财产归丈夫，孩子归丈夫，自己每年支付孩子 500 元生活费，以示离婚的决心。不依不饶的她本以为丈夫不会同意，未曾想到丈夫很爽快地同意了。一周之后，妻子主动找丈夫要求复婚，被丈夫拒绝了。她对他说："给你半年时间，如果你还不同意复婚，那我就嫁人了！"她太高估自己了，以为丈夫会非她不娶呢！期待着眼前已经变得有点儿陌生的丈夫听到最后通牒能有所触动。然而，丈夫脱口而出，"我早就受够你了，随你的便！"后来，他们也就真的没有复婚。

　　这个故事真实而简单，但是它告诉我们，一定要学会认识自己，千万不要把自己看得太重。这个世界上，每个人都很重要，但是离了谁地球都照样地转。一个人可以自信，但不要自大；可以狂放，但决不能狂妄；可以健康长寿，但不可能万寿无疆；能够力挽狂澜，但绝不可能再造乾坤。

　　不把自己看得太重，其实是一种修养，一种风度，一种高尚的境界，一种达观的处世姿态，是心态上的一种成熟，是心志上的一种淡泊。用这种心态做人，可以使自己更健康，更大度；用这种心态做事，可以使生活更轻松，更踏实；用这种心态处世，可以使社会更和谐。

站在别人的角度看问题，你才会发现没必要生气

或许，也只有在你真正体会到对方的言行给你带来伤痛之后，你才会知道换位思考是多么重要。那么当你发怒的时候，请千万记住：换位思考出境界。

人与人之所以不经常出现像动物一样的厮杀场面，是因为人有全面的思维，人不仅经过肉体上的成长，更经过思想上的成熟。做人，真的很难，因为做人必须站在他人角度上去考虑自己的言行举止会给对方的情绪造成怎样的波动。其实，成熟实质上是思维逐渐发展全面的代名词，凡是一个有着成熟头脑的人，当他在处理完心中的怨愤的时候，必定能见到每个人脸上的微笑，这种人的生活和谐且有内涵。

一个男人非常美慕他的老婆能整天待在家里，他厌倦了每天出门辛苦地奔波工作，他希望老婆能明白他每天是如何在外打拼的。于是他向上帝祈祷：全能的主啊，我每天在外工作整整 8 小时，而我的老婆却仅仅是待在屋里。我要让她知道，我是怎么过的，求你让我和她的躯体调换一天吧。

上帝满足了他的愿望。第二天一早，他醒来，当然，是作为一个女人。

他起床，为他的另一半准备早点，叫醒孩子们，为他们穿上校服，喂早餐，装好他们的午餐，然后开车送他们去学校。之后他回到家，挑

出需要干洗的衣物，送到干洗店，回来的路上还顺路去了银行，然后去超市采购，回到家，放下东西，缴清账单、结算支票本。当他打扫了猫盒，给狗洗完澡，已经是下午1点了。他匆忙地整理床铺，洗衣服，给地毯吸尘，擦洗厨房的地板。接着，他冲往学校去接孩子们，回来的路上还同他们争论了一番。他准备好点心和牛奶，督促孩子们做功课，然后架起烫衣板，一边忙着，一边看会儿电视。4：30的时候，他开始削土豆，清洗蔬菜做沙拉，给猪排粘上面包屑，剥开那些新鲜的豆子，准备晚餐。吃完晚饭，他开始收拾厨房，打开洗碗机，叠好洗干净的衣物，给孩子们洗澡，送他们上床。晚上9点，他已经撑不住了，然而，他的每日例行工作还没结束。他爬上床，在那里，还有人期待着他，他必须，而且不能有任何抱怨。第二天一早，他一醒来就跪在床边，向上帝祈求："主啊，我真不知道自己是怎么想的，我怎么会傻到嫉妒我老婆能成天待在家里？求你，哦，求求你，让我们换回来吧！"上帝回答他："我的孩子，我想你已经吃到苦头了，我会很高兴让一切恢复原来的样子。但是……你不得不再等上9个月，昨晚，你怀孕了"

换位思考会让你思考得更全面，只是略微的妥协，只是略微的改变，或许只是一瞬间，或许只是改变一点儿，就能柳暗花明。当你在发泄情绪的时候，考虑一下是否已刺痛了他人，或许你在无意中挑起了他人的厌恶之心，或许在无意中破坏了你和朋友间沟通的桥梁。当争执即将来临的时候，试着站在对方的立场，你会发现：它让细节有趣、让矛盾化解、让愁容舒展、让心胸宽广。

或许，也只有在你真正体会到对方的言行给你带来伤痛之后，你才会知道换位思考是多么重要。那么当你发怒的时候，请千万记住：换位思考出境界。

你常遇事小题大做，被情绪牵着鼻子走吗？你常为生活中的小事耿耿于怀吗？你相信一个人可以通过改变自己的态度来改变一生吗？有时，我们不能改变他人，但可以改变自己；我们不能改变事情，但可以改变心情。以一种积极的方式做事，事情也会给我们好的回报。

每个人在生活中都会碰到一些不如意的事情，而这些不如意的事情带给每个人的影响又各不相同，有些人可能会因为这些不如意的事情而郁郁寡欢，也有些人会从中发现快乐。苦中可以作乐，悲痛可以化为力量，危机也能变成机遇。换一种角度看世界，世界就会因你而不同。

我们要善于调整自己的心态，学会排解生活中烦心的事情，只有这样烦恼才会冰消雪融。人要想排除烦恼的困扰，首先要学会宽容和忍让，其次还要学会理解人、体贴人，能够以诚待人，以情感人。不要为一些小事而耿耿于怀，如果双方都逞强好胜，矛盾就会愈积愈深，最后发展到势不两立的地步。这样既破坏了人际关系，又影响了相互团结，还有损身心健康。

学会忍让，学会"化干戈为玉帛"。只有这样，你才能知足常乐，才能不会经常为一些小事而生气伤神。

上帝对每个人都是公平的，只是每个人面对烦恼时考虑问题的角度不同罢了。凡事应该多往好的方面想一想，心中才会有豁然开朗的感觉，眼前才会出现"柳暗花明又一村"的景象。你无法选择你的老板，你更无法选择你的出身，可是你却可以选择换一种角度去看待问题。一个苛刻的老板，可以锻炼我们的耐力；一个贫苦的出身，则可以激发我们更加发奋图强的斗志。

英国著名作家迪斯雷利曾经说过："为小事生气的人，生命是短暂的。"如果你真正理解了这句话的深刻含义，那么你就不会再为一些不值得一提的小事情而生气了。

生活中经常有人为一些小事而生气。其实他们也不想这样做，但就是控制不了自己的情绪。这样不但影响自己的身心健康，而且还影响到周围的人际关系。

从前，有个妇人，遇到不顺心的事时就生气，和邻居、朋友的关系都搞得很僵。她非常恼火，想改吧，一时又改不了，于是终日闷闷不乐。有一天，她和一个好友聊天时，说出了心中的苦闷。朋友听完后就对她说：我听说南山庙里的老和尚是个得道高僧，他也许可以帮你解决这个问题！

于是，她找到那个和尚，对和尚说："大师，我怎么老是生气呢？你能告诉我为什么吗？"大师笑而不答："哦，施主，请跟我来！"和尚把妇人带到一个小柴房的门口说："施主，请进！"妇人很奇怪，不明白老和尚的意思，但她还是硬着头皮走进了柴房。这时老和尚迅速把门关上并上了锁，继而转身走了。妇人一看，就气不打一处来："你个死和尚，干吗把我关在里面啊？快放我出去！……"

骂了很久，高僧也不理会。妇人又开始哀求，高僧仍置若罔闻。最后，妇人总算是沉默了。高僧来到门外，问她："你现在还生气吗？"

妇人回答说："我只是在生我自己的气，我为什么会到这鬼地方来受罪？"

"连自己都不能原谅的人怎么能够原谅别人呢？"高僧拂袖而去。

过了许久，高僧又来问她："还生气吗？"

"现在不生气了。"妇人回答说。

"为什么呢？"

"气也没有办法啊。"

"你的气还没有消失，还压在心里，爆发以后仍会很强烈。"高僧说完又离开了。

当高僧第三次来到门前时，妇人立即上前说："我现在不生气了，原因是不值得气了。"

"还知道什么叫不值得呀，看来心中还有衡量，还是有气根的。"高僧笑着说。

当高僧迎着夕阳站在门外时，妇人这样问高僧："大师，何为气呢？"

高僧把手中的茶水倾洒在了地上。妇人看了很久以后，顿悟，叩谢后回去了。

从这个故事中我们可以得出这样的结论：很多时候我们认为是别人伤害了我们，可从来都不知道从自身找原因。难道真的都是别人的错吗？仔细想想你就会发现：原来老天也很眷顾自己！朋友也从未曾主动离弃自己！

生气其实就是拿别人的错误来惩罚自己。这是一句至理名言！何苦一定要生气呢？"气"其实就是别人吐出来但是你却接到口里的那种东西，你吞下就会觉得反胃；你不在意它的时候，它就会自动消失。

第六章

你内心足够强大，才能容纳得下期待的幸福

有时，我们遇到某些事生气，是由于我们不够强大，对某些事得失心重。因此，我们要做到遇事不生气，不让生气影响自己的成长，就需要让自己逐渐变得内心强大起来。做一个内心强大的人，不屑于去生气，将精力用于拥抱和珍惜幸福。

学会给予，你的人生才更有价值

给予成功以清醒，给予失败以冷静；给予孤独以思考，给予冷漠以热情；给予朋友以真诚，给予爱人以信任；给予强者以尊重，给予弱者以谦和……学会给予是人生的最高境界。

印度有这样一句古谚：赠人玫瑰之手，经久犹有余香。给予是一种利己行为，在付出的同时，也将收获一份助人后的快乐。给予是一种高尚的品质，在别人需要的时候伸出援助之手，不仅能让接受者走出困境，也能使给予者获得心灵上的洗礼。

巴勒斯坦有两个海，一个是淡水，名为伽里里海，里面有鱼儿欢快地畅游。从山脉流下来的约旦河带着飞溅的浪花，成就了这个海。它在阳光下歌唱，人们在它周围盖房子，鸟儿在茂密的枝叶间筑巢，每种生物都因它而幸福。约旦河向南流入另一个海。这里没有鱼儿的欢跃，没有树木，没有鸟儿的歌唱，也没有儿童的欢笑。除非事情紧急，旅行者总是选择别的路径。这里水面空气凝重，没有哪种动物愿意在此饮水。

这两个海彼此相邻，何以如此不同？不是因为约旦河，它将同样的淡水注入其中。不是因为土壤，也不是因为周边的国家。原因在于：伽里里海接受约旦河水，但决不把持不放，每流入一滴水，就有另一滴水流出，接受与给予同在。另一个海则精明得厉害，它吝啬地收藏每一笔收入，决不向慷慨的冲动让步，每一滴水它都只进不出。

伽里里海乐善好施，生气勃勃；另外那个则从不付出，它就是死海。巴勒斯坦有两个海，世上有两种人，一种乐善好施，一种自私自利，你是哪一种？

学会给予吧！给予是一门学问，也是一种艺术。给予成功以清醒，给予失败以冷静；给予孤独以思考，给予冷漠以热情；给予朋友以真诚，给予爱人以信任；给予强者以尊重，给予弱者以谦和……学会给予是人生的最高境界。给予，是快乐。美国盲人女作家海伦·凯勒说到自己快乐的诀窍，也这样说："我发现生活很令人兴奋，特别是你为他人而生活。"学会给予，将自私踩在脚下，生活才会更精彩，生命才会更有意义。

圣诞节前一天，保罗下班回家，看到一名衣着破旧的男孩在新车旁左瞧右瞄，脸上充满了羡慕的表情。

小男孩见到保罗问道："这是你的车吗，先生？"

"对，这是我哥哥给我的圣诞礼物。"保罗说。

"要是我也能成为这样的哥哥就好了。"小男孩说。

保罗深受感动，他原以为小孩会说也希望自己有这样一个哥哥呢，没想到这男孩这样说。

保罗带男孩去兜风，男孩高兴极了。

逛了一会儿后，小男孩请保罗把车开到他的家门口，小男孩跳下车，跑进屋内，不一会儿他背着患小儿麻痹症的弟弟出来了，他对弟弟说："将来我也要送你这样一部车子，那时你就可以到橱窗里看好多圣诞礼物了。"

保罗哽咽了，带上小男孩的弟弟逛了几乎所有的橱窗。

这个故事，让我们懂得了什么是给予。给予不仅是给予多少礼物，更是看你为谁付出了多少心血，倾注了多少感情。

人在一生中，要学会很多东西，其中学会给予应该是最重要的。给予是一种美德，一种境界。给予一个贫者，他可能成为富豪；给予一个患者，他可能获得健康……给予是饱满的种子，会孕育成片的森林，营造迷人的风景。给予还是一种快乐，一种幸福。天空给了鸟儿辽阔的空间，于是鸟儿就有了飞翔的快乐；大海给了帆船扬帆的自由，于是帆船就有了乘风破浪的快乐。俗话说："送人玫瑰手有余香。"给予别人，在他人得到快乐的同时，自己也感到开心和快乐，感到幸福和自豪。

泰戈尔说："埋在地下的树根使树枝长出果实，却并不需要什么报酬。"既然给予是一种奉献，能收获快乐和幸福，就学会给予吧。

一个人跑到释迦牟尼面前哭诉："我无论做什么事都不能成功，这是为什么？"

"这是因为你没有学会给予别人。"

"可我是一个一无所有的穷光蛋呀！"

"并不是这样的。一个人即使没有钱，也可以给予别人七样东西：

第一，颜施，就是用微笑与别人相处；

第二，言施，就是对别人多说鼓励的话、安慰的话、称赞的话、谦让的话、温柔的话；

第三，眼施，就是以善意的眼光去看别人；

第四，心施，就是敞开心扉，对别人诚恳；

第五，座施，就是乘车坐船时，将自己的座位让给老弱妇孺；

第六，房施，就是将自己空下来的房子提供给别人休息；

第七，身施，就是以行动去帮助别人。

无论谁，如果有了这七种习惯，好运就会随之而来。"

有付出才有收获，舍得舍得，有舍才有得，专门利人毫不利己，要学会奉献……别人总会向我们灌输大道理，但是没有人具体说出应该怎么做，所以"为他人服务"离我们始终是这么遥远。这个小故事告诉我们，其实付出也是很容易的，并不需要有多么雄厚的实力，即便是一个一无所有的穷人，也可以在日常的生活中给别人巨大的帮助。

你要学会爱自己，更要学会爱别人

温暖别人也就是在温暖自己，帮助别人就是在帮助自己，很少有人因恨而得道，却有很多人因爱而得救。

只爱自己的人，注定了一生的孤独；只爱别人的人，世间少有。无私，高洁如天山上纯白的莲花；既爱自己，又爱别人的人，才能在尘世中生存。

爱自己与爱别人，看似矛盾，但却是相辅相成、缺一不可的。

当你爱别人时，同时也在爱你自己。爱是一种快乐的付出，在爱别人的同时，自己也会得到满足而觉得幸福。如果不爱别人，那么别人必然也不会爱你，失去了爱的生命是苍白的。没有别人的爱，生活便是一摊冰冷的水，毫无生气，落寞，并且痛苦。所以，我们必须去爱别人，俗话说"赠人玫瑰，手有余香"。当我们把爱传给别人，精神上便得了安慰，尤其是别人对你的爱予以回报时，那更是一种幸福。所以，生活于尘世之中，我们要去爱别人，才能更加爱自己。

在生活中，人应该要有爱心，不论是对别人还是自己，爱自己与爱别人之间真的没有共存的空间吗？不然，我们其实可以在爱自己与爱别人之间取一个适当的平衡点。既爱自己，也爱别人，在不损害自己的利益的前提下帮助别人，勇于争取自己应该得到的利益，这就是问题的答案。

爱自己要学会自我尊重和关心，即要自己尊重自己，自己关心自己。爱自己更要勇于承担自己的责任。自己的责任是自己的一部分，勇于承担自己的责任，自己的事情自己做，是自尊自爱的一种表现。一个懂得爱自己的人，就一定会为自己的行为、自己的发展任务负责、尽力；对自己负责，努力地进步，是自爱的实际行动、具体表现。

只爱别人而不爱自己，爱就缺少力量的源头，最终必然枯竭；只爱自己而不爱别人，爱就缺少实现的空间，最终导致人格的异化和自我伤害。

有个男人走在尼泊尔白雪覆盖的山路上，刺骨的寒气伴随着暴风雪，吹得人几乎都睁不开双眼了，他走了很久，却始终看不到人烟。这时候远远走来一个旅行家，两个人自然而然成了旅途上的同伴。有了同伴感觉安心多了，但是为了节省热能，两人只是默默地一语不发继续往前走。

半路上他们看到了一个老人倒在雪地里，如果置之不顾，老人一定会被埋进雪中冻死。"我们带他一起走吧，先生，请你帮帮忙。"同伴听到男人的提议很生气地说："这种恶劣的天气，照顾自己都难，还顾得了谁啊！"说完便独自离去了。

男人只好背起老人继续往前走。不知过了多久，他全身被汗水浸湿，这股热气竟然融化了老人冻僵的身体，老人因此慢慢恢复了知觉。两人将彼此的体温当成暖炉相互取暖，就此忘却了寒冷的天气。

"得救了，老爷爷，我们终于到了！"远远看见村庄时，男人高兴地对背上的老人说。

他们来到村子的路口，看到那里聚集了一大群人在议论纷纷。到底发生什么事了呢？男人挤进人群中探头一看，原来是有个男人僵硬地倒卧在雪地上。

当他仔细观看尸首时，简直吓一大跳，冻死在距离村子咫尺之遥的雪地上的男人，竟然就是当初为了自己活命而先行离开的那个同伴。

有人因无情而死去，有人因爱心而得救。爱别人就是爱自己，这句很经典的话，其实已说出了人际关系的"核心秘密"——"你付出别人所需要的，他们会相对给予你所需要的。"从某种意义上说，爱是一种能力，一种态度，爱既是与人相处的一种方式，也是一种对自己的升华。试着关爱身边的一切，让宽容替代怨恨、偏见、嫉妒和恶念，你会发现自己变得轻松了，也有力量了。就像那个背起老人的男子一样，温暖别人也就是在温暖自己，帮助别人就是在帮助自己，很少有人因恨而得道，却有很多人因爱而得救。

抗美援朝期间，在一场异常激烈的战斗中，一架敌机飞速地向阵地俯冲下来，正当班长准备卧倒时，突然看到离他四五米远处一个小战士还愣愣地站着。班长来不及多想，一下子扑过去护住了小战士，轰炸过后，班长站起身拍拍身上的土准备教育小战士，回头一看惊呆了，刚才自己所处的那个位置被炸成了一个大坑。

故事中的小战士是幸运的，更加幸运的是班长，因为他在帮助别人的同时也帮助了自己。爱别人就是爱自己。学会爱别人，其实就是爱自己，没有爱的生活就像一片荒芜的沙漠。让我们的教育、让我们的生活充满爱。

人都说，生活就像一面镜子，你对它微笑，你就看不见泪水；也像银行，你存进了善良，就取不回恶意。

《新约全书》说，你想要别人怎样对待你，你就怎样对待别人。中国文化的传统，就是以"仁爱"为主线展开的。儒家文化的核心是讲"仁爱"，"仁者爱人"，这个"爱人"，我们可以理解为要学会爱别人。

他人下了台阶，你才有上升的台阶

适应他人，帮助他人，给别人一个台阶下，这是人在这个竞争社会的立足之本，更是实现个人成功的必要手段之一。

在社交活动中，能适时地提供一个恰当的台阶，使人免丢面子，是中庸处世的一大原则。然而，台阶怎么个给法，并不是所有人都很清楚，因为中庸处世被人漠视。中庸，使对立双方保持均衡状态，对立的双方互相牵制、互相补充，明白了这个道理，你就明白如何给人台阶下了。

第一，一旦因自己失误而造成不好下台，最聪明的办法是：多些调侃，少些掩饰；多些自嘲，少些自以为是；多些低姿态，少些趾高气扬。

谁都有可能碰到难下台阶的情境，但只要能多想办法，给自己找一个台阶也并不是太难的事。要给自己找个台阶，必须在窘境中及时调整思路，然后选择一个巧妙的角度，改变眼前的被动局面，想方设法争取主动。

第二，指鹿为马，巧妙解释，化解矛盾，是中庸处世的方法之一。

戈尔巴乔夫偕夫人赖莎访问美国时，在赴白宫出席里根送别宴会途中，他在闹市突然下车和行人握手问好。苏联保安人员急忙冲下车，喝令站在戈尔巴乔夫身边的美国人把手从口袋里抽出来。他怕行人口袋里有武器，行人一时不知所措。这时，赖莎十分机智，立即出来打圆场，她向周围的美国人解释说，保安人员的意思是要人们把手伸出来，跟他丈夫握手。顿时，突然紧张的气氛又变热烈了，人们亲切地同戈尔巴乔夫握手致意。

第三，利用对方的虚荣心，恭维他，也是一种办法。人们多半爱听好话。人在懊恼或不快时，只要旁边有人说几句得体的美言，情绪就会好起来。一次，解缙陪朱元璋在金水河钓鱼，整整一个上午一无所获。朱元璋十分懊丧，便命解缙写诗记之。没钓到鱼已是够扫兴了，这诗怎么写？解缙不愧为才子，稍加思索，立刻信口念道："数尺纶丝入水中，金钩抛去永无踪，凡鱼不敢朝天子，万岁君王只钓龙。"朱元璋一听，龙颜大悦。

第四，善用假设，巧避锋芒，是非常有效的中庸方法。在特定的交际场合，有时碍于面子，有时把握不准，这时可以用假设句去表达。一个学生和班主任争论男生能不能到女生宿舍串门，老师一口咬定绝对不能。学生很长时间不能说服老师，又见老师似有怒意，为了结束争论，给老师一个台阶下，他巧妙地说："如果老师说得正确，那我肯定错了。"这本是一句废话，它并没有肯定老师的观点，然而这位老师听了却不再争执。

第五，承认错误，诚恳致歉也不失为一种好的中庸办法。在与人交往中，出现矛盾很正常，而矛盾是可以通过道歉消除的。其中，伤害了别人的人，只要能多些自我反省，勇敢地承认自己的错误，向受害人诚恳道歉，便不难化解矛盾。例如领导与下属之间发生的纠纷，有时只要一个人出面主动地承担责任，就可以化解双方的矛盾。小王和老周同在办公室工作。一次，小王去市政府听报告，老周不知道，因此对小王很有意见，当面质问小王为什么不告诉他听报告的消息，两人因此而大吵起来。彭主任了解吵架的原因后，对老周说："听报告没有通知你，这不是小王的错，是我没有要他通知你，因为你们两人有一个人去听报告就行了。你如果有意见就对我提吧，不要责怪小王啊。"老周听后，觉得自己错了，于是主动向小王致歉，他们又和好如初。

第六，中庸者善于用幽默取悦他人，或者化解矛盾。幽默是人际交往的润滑剂，一句幽默语言能使双方在笑声中相互谅解和愉悦。有一位经理对手下的职员说："我需要这进度报表的 5 份复印本，马上就要！"这位职员按下复印机的按钮，25 份复印本很快就复印了出来。"我不要25 份！"经理大声说。这台复印机是坏的，职员早就请求经理买台新的，这时，他说："对不起，但是你已经得到那么多！"然后他俩爆出一阵笑声，笑那复印机没有人性，不听话。

在一家中国餐馆里，有一位外国人用完餐后，看到一双做工精美的景泰蓝筷子非常喜欢，于是就悄悄地装进了自己的口袋。

这个外国人的举动，恰巧被一位餐馆的服务员看见了，她不动声色地走过来，彬彬有礼地说："谢谢各位的光临，顾客满意是本店的荣幸。我发现，有的客人对我们店的餐具很感兴趣——当然，那是很精美的工艺品——如果有哪一位顾客愿意购买的话，请与本店的工艺品销售部联系。"说着便把目光定在了那位将筷子放进口袋的外国客人身上。那位外国客人马上从口袋里拿出了景泰蓝制品说："我看到贵国的工艺品实在太精致了，所以情不自禁地收了起来，我太喜欢它了，不如以旧换新吧"。

说着笑了起来。

用完餐要走的时候，那位客人果然到销售部订购了一套中国餐具。后来卡内基在一本书中这样评价："那位中国服务员说话很得体，在批评别人时给对方一个很好的台阶下。"

适应他人，帮助他人，给别人一个台阶下，这是人在这个竞争社会的立足之本，更是实现个人成功的必要手段之一。

别抱怨赶上红灯，绿灯时你可以第一个走

在这个世界上，最应该受到抱怨的是我们自己，面对困难没有勇气，碰到挫折没有自信，通常只会怨天尤人，怨声载道，却从不曾问自己对生活努力了吗？用心了吗？

淡淡时光，我们走过深浅岁月，如果抱怨生活，就禁锢了自己向往美好世界的心；如果抱怨别人，就使我们的灵魂找不到自己的依靠。抱怨，是解决不了任何问题的。

大千世界，芸芸众生，我们身边总有些喜欢抱怨的人，当然，也包括我们自己，都是一个个粗糙的生命，是需要经受生活的慢慢打磨，才能变得光洁、明亮。

生活里，抱怨很多，有人抱怨生活不如意，有人抱怨事业不顺心，有人抱怨孩子不听话，有人抱怨婚姻不幸福。每个人都有抱怨，而抱怨也各种各样，抱怨这，抱怨那，似乎这个世界就没有不可以抱怨的东西。

　　然而，抱怨过后，回头想想："当抱怨之后，我们得到了什么呢？"

　　也许，我们得到的，只是一堆发泄后的无奈和一个烂摊子的烦心事，而对于环境、生活，没有任何的改变，也许，唯一改变的只有心情变得烦躁，本来晴朗的天空，多了一片阴霾。

　　人生是厚重的，生活是褶皱的。人生不能一帆风顺，生活不是事事如意；人生不能完美无瑕，生活不是完美顺心；人生不能随意涂画，生活不是想怎么就怎么；人生有路途漫漫，生活是苦乐参半；人生不都是风轻云淡，生活有悲欢离合，也只有这样，我们的生活才更加丰富多彩。

　　我们都有自己的生活，谁都离不开生活，谁都不能鄙视和逃避生活，人生有很多事情是不尽如人意的，生活中，十有八九也都是如此。如果每天都在抱怨，那么，自己的世界里怎么会有美好存在呢？

　　人生起起落落，风风雨雨，曲曲折折，坎坎坷坷，是不可改变的事实，想想这些不能改变的事实，难道我们只有抱怨吗？难道不能换个角度，改个心境？

　　其实，在这个世界上，最应该受到抱怨的是我们自己，面对困难没有勇气，碰到挫折没有自信，通常只会怨天尤人，怨声载道，却从不曾问自己对生活努力了吗？用心了吗？

　　仔细想想，不管我们的生活是婉约惆怅，还是粗狂荒凉，抱怨只能让事态变得更糟。相反，不抱怨却可以是一种转机和坚强。

　　但凡一个喜欢抱怨的人，一定是懦弱的人，不敢自己承担，却将责任推给生活和别人，自欺欺人，活得痛苦、卑微。

　　但凡一个习惯抱怨的人，一定是缺乏自信的人，总是期待命运能给自己幸福，能让自己比别人快乐，而不付出辛苦，得到收获，即使付出一点，也要百倍的回报。

但凡一个每日抱怨的人，一定是不知足的人，即使拥有整个世界，也不觉得满足，仍然还会有抱怨，总是不平衡，总是不满足。

抱怨是一种心态，抱怨生活的不堪，只能说明自己内心有多不堪；抱怨别人残忍，只能证明自己不懂感恩。也许，他抱怨不是目的，只是想证明自己的价值，或者引起别人的注意。抱怨也是一种毒瘾，适当的抱怨可以是情绪的发泄，可以是心情的调整，但是，当到达一定程度，就上了瘾，甚至会传染别人，害人害己。抱怨还是一种愚昧，是头脑发热，是一种不尊重自己的生命、不尊重他人的尊严而自私狭隘的心性，是烦闷、急躁，而不懂得理智分析的一种结果。抱怨其实更像是一种浅在的病态，仇恨自己不喜欢的，嫉妒自己得不到的，是一种极端的思想，常常用不公平这个借口来麻醉自己，遮掩自己的病态。

其实，人生大可不必抱怨什么，我们做不了大事，可以做小事，我们做不了大人物，可以做小人物，量力而行，自得其乐。我们根本不需要抱怨什么，人生就是个相对的事物，有欢喜就有悲伤，没有那么多一帆风顺，福无双至，祸不单行，也是平常，懂得生活，让自己学会平静地接受。我们抱怨得越多，内心的痛苦越多，抱怨得越少，乐观就会越多，当把抱怨当成一种习惯了，那也就丢失了整个世界。

如果我们能做到不抱怨生活，也不失为一种人生的智慧，同时也就具有了豁达的胸怀，宽容的气魄，为此，世界也就和谐了许多，生活也就阳光了许多。如果我们能做到不抱怨别人，也是一种美德，也就懂得了感恩，懂得帮助是互相的，懂得关心也是相互的，如果你能用宽容的态度对待别人，别人也会给你一个清爽的微笑。如果我们能做到不抱怨生活，不抱怨别人，从自己身上找原因，扭转一下看问题的角度，懂得世界上没有完美的事情，任何事情都有一个逐渐完善的过程，这样就可以心平气和的生活和对待别人了。

坐在时间的长廊，看岁月的风云，你会有所感悟：人生与其抱怨什么，不如完善自我，放下抱怨，发现生活的乐趣，扩展生命的深度，不要挑剔别人的缺点，懂得反省自己的缺点。

面对时光的静好，看人生的风景，你会有所感悟：人无完人，金无足赤，世界并不是完美无瑕的，不平衡、不满足、不公平的事情也太多，如果能多一些对生活的洞悉，多一些对人生的醒悟，保持积极乐观、享受生活、知足常乐、宁静淡泊的心态，有什么不好？

在时光的缝隙里思考，在悠长的岁月里感悟，你会发现：一个懂得生活的人，一个健康乐观的人，根本就不会去抱怨生活的磨难，人生的曲折，而是，遇事先静下心来想想怎么去化解矛盾和解决问题，然后乐观而睿智的生活。

光阴流逝，不要让岁月留给我们太多的抱怨，在磨炼中应该给自己一些淡泊；人生过往，不要让往事给我们留下太多的迷惑，而应经历磨砺而不抱怨，这才是生命的从容；面对生活，我们不应该无止境地抱怨，应该用坚强和睿智去面对，这样才能感受到生活里温馨、恬淡的美妙时光。

人生苦短，红尘深浅，人生如果要保持快乐，就要遵守一个原则：相信自己，不要抱怨生活，从容面对坎坷；学会知足，不要抱怨别人，积极完善自我；相信自己，一切都会过去，不要抱怨，多一些快乐，不要抱怨，多一些简单，你会懂得，不抱怨也是一种人生的美丽。

你计较得少了，生活的快乐就多了

快乐是一种心境，模糊一些东西，对于现存的无法改变的东西不要过多地计较，心宽了，人也自然活得快乐了。

在这个世界上，有人习惯听从外界的声音，有人则习惯听从自己内心的声音，做到后者的人少之又少。有的人缺乏主见，跟父母"捧在手心怕掉落，含在口里怕化掉"的宠爱有关，跟乖学生式的教育有关，跟这个时代变化太快有关。这种时代给予我们的习惯使我们在不知不觉中跟从着他人的言行。大学时，也许自己并不想作弊，只是因为别人作弊，自己心理不平衡也跟着作弊。工作后，也许自己并不喜欢斤斤计较，只因为别人都太爱计较，所以自己心理不平衡也跟着计较起来。这正应了老人们常说的"好的不学，坏的全学会了"。太爱计较可不是什么好事情。

美国心理专家威廉曾经是一个极能算计的人。他知道华盛顿哪家袜子店的袜子最便宜，甚至知道哪家快餐店比其他店多给顾客一张餐巾纸，但这种算计让他落下了一身的疾病。尽管他知道哪家医院的医生医术最高，哪家医院的药费最便宜，但是仍然病魔缠身，没有过过一天好日子，更谈不上健康和幸福了。

直到 32 岁的时候，他才在病痛的折磨中恍然醒悟，并开始了关于"能算计者"的研究。结果以无可辩驳的事实得出惊人的成果：凡是太能算计的人，实际上都很不幸，甚至是多病与短命的。凡是太能算计的人，都不同程度地存在身心隐患，他们中90%以上都患有心理疾病，他们的痛苦比不善于算计的人多了许多倍。

做人、做事太过于精明和斤斤计较，名利地位、金钱美色，样样都不肯放手，生活只会如牛负重，累且压抑；反之，什么都不计较，什么都马马虎虎，什么都可以凑合，那也未免太对不起自己，活得没什么意思。聪明的人，有生活智慧的人，会有所为有所不为，只计较对自己最重要的东西，有取有舍，收放自如，所以他们通常活得比平常人更快乐一些。

1754年，乔治·华盛顿作为亚历山大里亚的驻军长官参加了当地的费吉尼亚殖民地议会的选举。选举中，有两位人选得票最多，其中一位是乔治·华盛顿推举的侯选人，但是遭到了威廉·宾的坚决反对。两人还因此发生了激烈的争吵。争吵中华盛顿失言说了一句冒犯威廉·宾的话，威廉·宾听到后情绪失控，竟然大打出手，一拳将华盛顿打倒在地。

众人见状一拥而上，高喊着要揍威廉·宾。而驻守在亚历山大的华盛顿的部下听说领导受到了屈辱，立即带着人马枪支来到了议会厅。此时的气氛十分紧张，双方剑拔弩张，只要华盛顿下达命令，威廉·宾就会瞬间被打成肉酱。但此时的华盛顿相当冷静，让部下退了下去。

第二天，威廉·宾收到了华盛顿的亲笔信，该信邀他去当地的小酒馆谈一谈。威廉·宾看到信后，本以为华盛顿是约他私底下算帐，便毫不犹豫地带了一把手枪。

威廉·宾还一边走，一边想着怎样能一招致胜降服华盛顿。但当他到小酒馆见到坐在对面一脸真诚的微笑的华盛顿和一桌子丰盛的酒菜时，大吃一惊。

此时的华盛顿伸出右手热情地说："威廉·宾先生，犯错误是人之常情，纠正错误则是件光荣的事。昨天是我不对，不该冒犯你，如果你认为到此可以和解的话，那么让我们交个朋友吧。"

威廉·宾看到华盛顿的举动十分感动，忙握住华盛顿的手说："华盛顿先生，也请你原谅我昨天的无礼与鲁莽。"说完，二人有说有笑地吃了一顿愉快的酒宴。

从此后，威廉·宾成了华盛顿坚决的拥护者。

快乐不是因为拥有得多，而是计较得少。让外表简单一点，内涵就会更丰富一点；让需求简单一点，心灵就会丰富一点；让环境简单一点，空间就会更丰富一点。逃避不一定躲得过，面对不一定最难受。获得幸福的方法是珍视所拥有的，遗忘不属于自己的。满足才是最真实的幸福。许多事情的答案都不止一个，所以我们永远有路可以走，我们能找个理由难过，也一定能找个理由快乐。

乳业巨子牛根生说："一个人快乐不是因为他拥有得多，而是因为他计较得少。"

人的一生遇到不顺心的事太多，如果每一件事都斤斤计较放不下，那么你就很难有快乐的时候。快乐是张曲谱，是段旋律，你先要找到它，然后填上你自己的歌词。快乐还是只小鸟，如果你抓到它，藏在掌心，它将不会歌唱；如果你摊开手掌，它就会展翅而去，随风留下一串银铃般的歌声。如果你活得坦然、放松，有一双善意的眼睛，快乐的小鸟还会回到你的手掌上，细细的脚爪勾在你的掌心，这一次它将尽心尽力地为你而唱。快乐是一种心情，只有心性坦然，不去过多计较生活中的得失，心胸才能如大海般宽广，心情才能如蓝天般明净。

在人生的道路上，每个人都在不断地累积着令自己烦恼的东西，包括名誉、地位、财富、亲情、人际关系、健康、知识、事业等，也包括烦恼、郁闷、挫折、沮丧、压力等。这些东西压得人们喘不过气来，使人们失去了原本应该享受的乐趣。很多时候是我们小肚鸡肠，斤斤计较那些虚无的名利，而把所有的责任推卸到别人的身上。我们为什么不想想，如果我们足够优秀，别人还会对我们冷眼相待吗？

一个人的心情是否舒畅，直接关系到这个人的工作、学习、生活和健康状况。好心情能使人精力充沛、思维活跃，工作效率提高数倍，从而更出色地完成自己的各项工作任务。

你接纳不完美的自己，才能享受自己的人生

承认和接纳不完美的自己，拥有完整的人生，是一件非常重要的事情。每个人都是矛盾的统一体，是各种积极与消极的特质彼此调和的结果，无论少了哪一方面都称不上完整。

每个人都是不完美的，每个人身上都有自己不愿意触碰的一面——阴暗面，亲人朋友不愿意接受，连我们自己也无法面对。于是，我们不惜代价、竭力伪装成人人喜欢的好人，活得很累。事实上，我们的每个缺点背后都隐藏着优点，每个阴暗面都对应着一个生命礼物：好出风头只是自信过度的表现；邋遢说明你内心自由；胆小能让你躲过飞来横祸；泼妇在有些场合是解决问题的最好方式。阴暗面也是生命的一部分，只有真心拥抱它，我们才能活出完整的生命。

你那些所谓的缺点，你身上那些自己都不喜欢的特质，其实是你最宝贵的财富，只不过表达的程度有点过于强烈了。这就好比放音乐，如果音量开得太大，就会让人感觉有些不适应。只要你能把这种特质的音量调回去，你自己以及你周围的所有人就会意识到，你的缺点其实正是你的优点。它们可以为你所用，而不是成为你的绊脚石。你唯一需要做的，就是在适当的时候，以适当的方式，把这些特质表现到适当的程度，不要过度。

所谓的吹牛，其实是自信心的过度表达。所谓的浮躁，其实是积极思考过度的结果。至于所谓的爱出风头，其实是领导力、说服力和表现欲过度表达的结果——这些东西本身并没有任何问题。

承认和接纳不完美的自己，拥有完整的人生，是一件非常重要的事情。每个人都是矛盾的统一体，是各种积极与消极的特质彼此调和的结果，无论少了哪一方面都称不上完整。

我们都应该追求尽可能透明的生活状态，毫不掩饰，毫不伪装。即使我们不喜欢自己身上的某些东西，也不应该刻意压抑它们，甚至直接否认它们的存在。透明意味着真实，真实意味着敞开心扉、返璞归真，回归完整的、原本的自我。如果你同意这一点，那你一定会感激黛比·福特写的这本书，因为它会叩开你心灵世界的大门，让你体验到内心深处的快乐、宁静与自爱，而当你真正爱上自己的时候，自然就能学会把爱奉献给别人。

为了掩饰心中的阴影，我们只能去欺骗别人，同时也欺骗自己。我们给自己戴上一层面具，不让真实的想法流露出来。随着时间的流逝，我们逐渐习惯了这层面具，忘记了面具下面还有一个真实的自己。尽管我们在生活中屡屡经历失败，却仍然刻意压抑内心的暗示。我们蒙起眼睛，堵住耳朵，拒绝看到真实的自己，拒绝聆听内心的声音。

接纳和拥抱心中的阴影，可以让你的生活发生彻底的转变，宛如丑陋的毛毛虫破茧而出，化为美丽的蝴蝶。你不必再刻意掩饰，不必再假装成另一个人，也不必再努力证明自己，因为那时你会拥有足够的自信。拥抱阴影，找回完整的自我，你就可以自由追求自己想要的生活。

爱自己，接纳自己，让完整的自我充分表达出来，不去刻意掩饰内心的"缺陷"，这是每一个婴儿与生俱来的本性。然而，随着年龄的增长，我们会受到周围人的影响，开始刻意讨别人的喜欢，把那些可能惹人生气的想法深深掩藏起来。结果，在长大的过程中，我们也就逐渐丧失了纯真自由的本性。

完美的爱之于感觉，正如纯白色之于色彩一样。人们总以为白色是缺乏色彩的表现，却不知道白色包容一切色彩。同样的，爱也不是缺乏感情的表现，而是所有感情的融合，是整个心灵世界。爱包容了一切感情，也包括那些我们努力掩饰的想法和感情。荣格曾说："与其做好人，我宁愿做一个完整的人。"在努力做"好人"，努力追求别人承认的同时，我们是否已经迷失了真实的自我？

从这样的角度出发，我们不禁要问，"好"与"坏"真的是客观的标准吗？我们真的应该祛除自己身上那些"坏"的特质吗？可是没有坏又何谈好？没有恨又何谈爱？没有恐惧又何谈勇敢？

正义与邪恶、乐观与悲观、勇敢与懦弱——这些特质都潜藏在我们心中，倘若我们刻意压制某一种特质，它就会以我们意料不到的方式显现出来。我们越是不敢直面自己的内心世界，就越容易在恐惧的迷宫里打转，一点点迷失自我。

最初阴影这一心理学术语，是指我们的人格中遭受刻意压抑的部分，压抑的原因可能是恐惧、无知、羞耻心，也可能是爱的缺乏。他对阴影的定义很简单：阴影就是你所不愿意成为的那种人。他相信，如果我们能承认和接纳人格中的阴影，就会对精神生活产生不可估量的影响。他曾说：要做到这一点，我们就必须直面阴影，让它成为我们人格的一部分，没有其他的办法。

要追逐光明，你就必须拥抱黑暗。当消极的思想和情感受到刻意压抑时，与之对应的积极思想和情感也会被波及。如果我们否认自己的丑，就会削减自己的美；如果我们否认自己的恐惧，就会削减自己的勇气。在积极与消极两方面，我们每一个人都拥有无法估量的潜力，既有可能成为最杰出的伟人，也有可能成为最无耻的小人。这本书会教你如何面对积极与消极的矛盾。

我们必须学会允许自己身上的各种可能性和谐共存，因为只有这样，我们才能得到真正的自由。我们必须原谅自己的不完美之处，因为不完美原本就是人性的一部分。我们需要将心比心，用同样的方式来对待自己与别人。周围的物质世界是我们内心世界的反映。当我们能够接纳自己、原谅自己的时候，自然也就可以接纳和原谅别人。我自己是在经历了许多挫折和打击之后，才明白这一点的。

第七章

人生不需要执迷，你超脱了才会过得轻松

　　人生难得超脱，你要做的就是不要让欲望的流沙成为人生的重心。我们在人生过程中，为了某些事不开心，很多是由于执迷于某事。只有我们不执迷于某事，我们超脱了，才会过得轻松，才不至于生气，才能赢得自己的人生。

你莫为虚名所累，要活就潇洒活一回

英国哲学家杨格说："荣誉不是倚仗名位得来的，一个人尽管职位很低，无钱无势，但他的名誉却可以架于千万人之上。"

宋朝有个叫王曾的人，好学而上进。第一次进京赴考，就一举夺得头名状元。在他返乡之时，故乡的郡守得知此事，非常重视，便组织了家乡父老，敲锣打鼓，在郊外隆重地迎接他。大家都认为，衣锦还乡的他，一定很开心。

没想到，王曾是个凡事不愿张扬的人。在心里，他一点儿也不想麻烦乡邻。于是，他跳下高头大马，改骑一头不起眼的小毛驴，并将身上穿的华丽衣服脱下，换上一件不起眼的普通百姓衣服，然后绕道进城。这下子，人不知，鬼不觉，他悄悄地返回家中。

等到晚上，他才趁着夜色去拜访郡守。郡守一见就埋怨他："我一片好心，带了那么多乡邻去迎接你。这么大的面子，要是换了别人，都不知要怎么张扬才好呢！"

王曾说："不才有幸考中状元，哪敢惊动乡邻？如果麻烦父老乡亲迎接，这是给我加重罪过啊！"郡守听后感慨："你真是一位不图虚名的真诚状元啊！"

高中状元之后，王曾进京为官，多年来清廉自守，深得百姓拥戴。年老之时，他告老还乡。离京之前，百姓相约，在他离开之时一起前去送行。王曾知道后，连夜踏着月光悄悄离去。

天亮之时，聚集在城门口想要送他一程的百姓，才知道他昨晚就悄然离去了。来时一身正气，走时两袖清风，王曾的处事之道堪称官之典范。

"人要做有用的人，不要做只讲体面，而对别人没有好处的人。"这句话我永远牢记心间，人要做对社会有用的人，要像落花生一样默默无闻，不图虚名，不要做对社会有害的人。

英国哲学家杨格说："荣誉不是倚仗名位得来的，一个人尽管职位很低，无钱无势，但他的名誉却可以架于千万人之上。"英国的著名哲学家培根则指出："有些人在他们的行为中力求光荣与荣誉；这种人通常虽是很受人的议论，但是很少人是在内心羡慕他们的。"

有些人与上述的这种人相反，他们掩藏他们的才德，使之不外露，因此他们在一般人的意见中是被估计过低的。假如一个人能做成一件人家未尝试过的事，或者是一件经人尝试过而被放弃了的事，或者是比别人也做成了一件更难更高的事的人得到更多的荣誉。

这就告诉我们，名誉的取得必须靠实实在在的干，靠创造性的工作和人们看得见的业绩，比如那些大发明家、大科学家、大文学家以及奥运会的冠军等，他们中有的尽管不善言表，不愿接受记者的采访，但他们的行为在人们的心目中树立了令人敬慕的形象。相反，有的人极力标榜自己，自吹自擂，但适得其反，人却嗤之以鼻！

当然，也有的人诚心要荣誉，或者弄虚作假骗荣誉，有的把荣誉称号作为送人情、心理安慰的手段，更有甚者，把荣誉称号明码标价，公开出售，这不仅仅是对社会道德的庸俗化，可以说是对人类精神文明的亵渎。所以，我们看一个人具有的某种荣誉，不管其牌子有多大，关键看是否真正对社会做出了贡献，正如希腊哲学家亚里士多德所说："一个人的尊严并非在获得荣誉时，而在于本身真正值得荣誉。"也就是说"无论用什么方法获得荣誉，如果后面没有品德来扶持，名誉终必消灭"。

荣誉本身也是责任。一分荣誉，十分责任。一个有健康情操的人，当获得某种荣誉后，兴奋之余，就是压力了。他要付出更多的努力，去完成新的课题。他往往不是担心自己的荣誉低，被别人看低了，而怕"盛名之下，其实难副"。因为名誉过高实在是一种重大的负担，"与其名誉在前，孰若无毁于后"。在某地举办的一次较高规格的评选先进活动中，有一才干突出者坚辞荣誉称号，有人问其缘由。答曰："图虚名，招是非，不如留下精力干实事。"

真正之名誉，在虚荣之外。"名誉像一条河，轻漂而虚肿地浮在上面，沉重而坚实的东西沉到底下。"如同稻田里的稗子一样，与名誉孪生的是虚荣。"虚荣心在人们的心中如此稳固，因此每一个人都希望受人羡慕；即使写这句话的我和念这句话的你都不例外。"这只是指一般人的正常心态，但虚荣心过强会给人带来无穷的烦恼。踏上虚荣的高阶，必定迈进自私的低门槛。

能做到无己、无功、无名，心灵无所困扰，行为自由自在，人活着也就自由逍遥了。

"慕虚名而处实祸"，古今中外，无论国家、单位、还是个人，步此后尘者不胜枚举。但是，有一点是共通的，不管实祸是丢权、丢财、丢物，甚至丢命，但都是因为"慕虚名"。其实在曹操之前，已经有多路诸侯用自己的生命或者事业验证了这句话。董卓放火焚烧京城洛阳，孙坚率兵在宫中救火时发现传国玉玺。孙坚认为此是天意，自己因此可以做皇帝，就想托病撤回，顺便将玉玺带回江东。不料手下军士告密，盟主袁绍闻讯大怒，双方几乎火拼，孙坚率兵逃离洛阳。袁绍写信给荆州刘表，请刘表截击孙坚、夺回玉玺。刘表得信后，同孙坚混战了一场。结果，孙坚损兵折将。

孙坚死后，儿子孙策为形势所迫离开江东，投奔袁术。孙策用玉玺作为质当，向袁术借兵打回江东。袁术因玉玺在手，仗着淮南地广粮多，就做起了皇帝，封皇后，立太子，行皇室礼仪。袁术因为称帝，八方树敌，四面楚歌，众叛亲离，最后兵败身亡。正是围绕着"玉玺"这个虚名，这些当时的达官演绎了一出又一出的"慕虚名而处实祸"，最终丢城、丢兵、丢命。

300 年后，也许让曹操始料不及的，就是"慕虚名而处实祸"这一句话，让齐和帝丧了命。据历史记载，当萧衍接受齐和帝的禅让，并欲将其迁到南海郡时，他问大臣们这样做是不是合适。沈约说了：魏武帝说过"不可慕虚名而受实祸"。萧衍点头称是。于是，齐和帝被杀了。其实即使沈约不说，萧衍也会杀的，只是沈约的话坚定了萧衍杀齐和帝的决心，并找到了杀人的理论依据。

其实，"慕虚名而处实祸"现象不仅表现在个人身上，国家管理也是如此。元末，朱元璋率众造反，看到其他豪强纷纷称帝称王，他就向老儒朱升请教应对之策。朱升给他九个字"高筑墙，广积粮，缓称王"，韬光养晦。朱元璋从谏如流，不图虚名，集中精力扩充兵力，发展生产，讨伐强敌，一步一步地扩充自己的势力范围，最终在元末混战中异军突起，统一了全国。

其实，"慕虚名"本身就是思想作风和工作作风不扎实的具体表现。真与实，自古就是中华民族传统美德的基本内容。所谓"不受虚言，不听浮术，不采华名，不兴伪事"，是千百年来对人们做人、办事的基本要求。尤其是当前，公司各项工作时间紧、任务重、要求高，各单位只有一心一意做保险，全力以赴谋发展，才能保证公司各项工作做到实处，做出精彩。作为我们的公司干部，更要抛弃"慕虚名"的想法，沉下心，伏下身，做到想做事、会做事、做成事、不出事。

在创造业绩的过程中，一是要坚持实事求是，想问题、作决策、办事情，一定要从实际出发，充分考虑员工的意愿、承受能力和客户的满意程度。二是要坚持科学发展观，按客观规律、按规矩、按规则办事，坚决防止和克服出现各种风险。三是要发扬求真务实、埋头苦干的作风，努力开创新局面。目前，公司发展正处于站在新起点、实现新跨越的阶段，各级干部员工都要充分认识求真务实、狠抓执行的极端重要性，把抓执行作为一个极其严肃的政治问题来对待，在抓执行的实践中创造实实在在的业绩。应当说，当前，公司发展正处在一个承上启下的关键时期，改革已经触及一些深层次的矛盾和问题，有待我们去破解。各级领导员工应勇于面对现实，主动承担责任，敢于破解难题，就是在创造真正的业绩。

你控制住自己的欲望，才能到自己想去的地方

欲望无处不在，人们的一生，都是生活在欲望之中，都在和欲望进行沟通、交流和较量。人们追求健康，是对健康产生欲望；渴望幸福，是对幸福充满欲望；期待智慧，是对智慧充满占有的欲望。无论是追求家庭和谐，事业成功，荣华富贵，达官显赫，光宗耀祖，还是渴望全人

类万众生命健康幸福，生态平衡，天下太平，你好我好大家好，都是自己的种种欲望。

欲望如树，生生不息。永无止境，令人疯狂。太多的欲望将会使人失去心灵上的自由，成为心灵的负累，如果再任由它如野草般疯长的话，必定会把原本清净与安宁的空间全部挤占，让自己变成纯粹的欲望动物，陷入越来越多的烦恼与不安之中。

压力太大，会将我们压垮。欲望太多，也会将我们压垮。欲望出自人的本能，太过于压制并不是什么好事。但是如果欲望扰乱了我们的心神，让我们不得安宁的时候，就是应该修剪的时候了。

禁欲是极端，纵欲也是极端。剪去狂躁，才能冷静处事；剪去虚浮，才能脚踏实地；剪去过多的贪欲，才能保持清醒；剪去猥琐，才能不令人厌恶。剪去这些杂乱的枝干，才能拥有一颗宁静的心、一颗奋斗的心和一颗愉悦的心。

欲望是推动人类社会发展进步的动力和源泉，没有欲望就没有人类的发展，没有时代的进步。在某个层面来说，欲望就是愿望，一个是贬义，一个是褒义。欲望是贬义，属阴；愿望是褒义，属阳。因此，欲望一般是隐藏的，而愿望是可以表露出来的。

通常，人们都习惯给欲望穿上邪恶的外衣，提醒自己和人们对欲望进行控制；却给愿望穿上美丽的服饰，戴上理想的帽子，引领自己和人们为之付出不懈的努力和辛勤的劳动，穷其毕生之力，一定要实现。如果脱去欲望和愿望的外衣，实际上欲望和愿望都是一般的美好，没有分别，本是同心同体，都是人们对美好事物的追求和渴望，都是人们热切期待的，还没有实现的理想和追求。

欲望无处不在，人们的一生，都是生活在欲望之中，都在和欲望进行沟通、交流和较量。人们追求健康，是对健康产生欲望；渴望幸福，是对幸福充满欲望；期待智慧，是对智慧充满占有的欲望。无论是追求家庭和谐，事业成功，荣华富贵，达官显赫，光宗耀祖，还是渴望全人类万众生命健康幸福，生态平衡，天下太平，你好我好大家好，都是自己的种种欲望。

日常生活中，每个人都有贪心、贪念、贪欲。贪心是心灵的欲望和愿望，贪念是精神思想的欲望和愿望，贪欲是身体的欲望和愿望。欲望和愿望本为一体，二者之间没有不可逾越的鸿沟。仁者见仁，智者见智，想方设法，更好的发挥自己的聪明和智慧，调节平衡好二者的矛盾和冲突，彼此相融，你好我好大家好，生生不息，推动生命和时代的伟大进程。

曼谷的西郊有一座寺院，因为地处偏僻，香火一直不旺。原来的住持圆寂后，索提法师来到这里接替其做新住持。

初来乍到，他绕着寺院巡视，发现寺院周围山坡上到处长满了灌木。那些灌木杂乱无章，树形恣意而张扬。

索提法师找了一把剪子，不时地去修剪一棵灌木，半年过去了，那棵灌木被修成了一个漂亮的圆球形状。僧侣们看到之后，疑惑不解。问住持，法师却笑而不答……

一天，寺院里来了一位衣衫光鲜、气宇不凡的客人。

寒暄让座之后，对方说自己无意路过此地，随便进来看看。法师很客气地陪客人四处游转，行走间，客人向法师请教了一个问题：人怎样才能够清除自己的欲望？

索提法师微微一笑，返身进入内室拿了一把剪子出来，对客人说：

施主，请跟我来。

他把客人带到了灌木丛地，客人看到了法师修剪的那一棵成型的灌木。法师把剪子递给了客人，说：您只要经常像我这样去修剪一棵灌木，您的欲望就会消除。

客人接过剪子，走向一棵灌木，咔嚓咔嚓地剪了起来。

一壶茶的工夫过去了。法师问他感觉如何，客人笑了笑说：感觉身体舒展了很多，可是平日堵在心中的那些欲望好像并没有放下。

法师颔首说：刚刚开始会是这样的，经常修剪就会好了！

客人走的时候，和法师约定，他十天之后还会再来。法师不知道，这个人就是泰国享有盛名的珠宝大亨，近来遇到了从未经历过的生意上的难题。

十天后，大亨来了；二十天后，大亨又来了；三个月后，大亨已经把那棵灌木修成了一只初具规模的鸟形。

法师问他：现在你是否懂得如何消除你的欲望了？

大亨面带愧色地回答：可能是我太愚钝，每次修剪的时候，倒是能够气定神闲，心无杂念。可是，一从你这里离开，回到我的生活圈子之后，我的所有欲望依然会像往常那样冒出来。

法师笑而不答。

当大亨的鸟完全成型之后，索提法师又向他问了同样的问题，他的回答依旧如此。

这次，法师对大亨说：施主，您知道当初我为什么建议让您修剪灌木吗？我只是希望您每次修剪前，都能够发现，原来剪去的部分又会重新长出来。就像我们人类的欲望，您别指望能够完全把它消除。我们能够做到的，就是尽力把它修剪得美观。放任欲望，它就会像满坡生长的灌木，丑陋不堪。但是，经常修剪，就能够成为一道亮丽悦目的风景。对于名利也是这样，只要取之有道，用之有道，利己惠人，它就不应该被看作心灵的枷锁。

大亨恍然大悟，此后，随着越来越多的香客的到来，寺院周围的灌木也一棵一棵的被修剪成各种形状。这里的香火渐渐旺盛起来，日益闻名。

如何控制自己的欲望？世界上任何一种生命都是有欲望的。当我们面临着很多的诱惑，常常会被欲望所左右很难控制自己，那怎么办？

欲望即是对能给人以愉快或满足的事物或经验的有意识的愿望和强烈的向往。

如何控制自己的欲望？如何减少欲望对思维的干扰？

第一，体会欲望。想要改变欲望对你的作用效果，首先得把它们研究一遍。

当你出现某一种情绪时，最好能找一个地方，独自去体会。让其流露出来，记录其全部特点、过程。不用想着立即去处理排除，这样会激起你其他的欲望。

第二，过一段时间，看你是否已经足够冷静地去看待这个问题。还是自己一个人，把问题从脑子里挖出来，看看能不能找出解决的办法，如果还是不能的话，再藏着等以后再处理。

关键是，独自处理的时候，要调整自己，还要有足够多的时间让你自己一个人冷静下来。所以你先学习冥想是很有必要的。

欲望有很多种类，需要把不同的欲望都深入分析，对于遇到的情况也要拆分开来，把每个细节都仔细分析。

痛苦都是贪惹的祸，你不贪就过得快乐

人不能没有欲望，没有欲望就没有前进的动力，但人却不能有贪欲，因为，贪欲是无底洞，你永远也填不满它，贪欲只会给你带来无穷无尽的烦恼和麻烦。

有道是"贪心不足蛇吞象"。生活中有许多这样的人：他们什么都不愿放弃，而且得陇望蜀，不知满足，结果落得个"竹篮打水一场空"的结局。现今的社会是一个科技发达、物质丰富、充满竞争的社会，我们心中的欲望，便被挑逗得像是看见红色斗篷的斗牛；他人暴富的经历，更让我们血脉偾张，跃跃欲试；时尚名牌漫天飞，哪能心如止水；宝马香车招摇过市，你的心早已蠢蠢欲动；更不能忍受的心痒是别墅洋房的诱惑……因此，太多的时候，我们会被世上的名利、金钱、物质所迷惑，心中只想得到，只想将其统统归于己有，而不想舍弃，更舍不得放下。于是心中就充满了矛盾、忧愁、不安，心灵上就会承受很大的压力，以至于活得好累，好累。

一批又一批的俗人前仆后继地把自己绑上欲望的战车，纵然气喘也不得歇脚。不断膨胀的物欲、工作、责任、人际、金钱几乎占据了现代人全部的空间和时间，许多人每天忙着应付这些事情，几乎连吃饭、喝水、睡觉的时间都没有。他们想要赚更多的钱、找更好的工作、升更高的职位、住更大的房子、开更豪华的车子等，然而一旦拥有，很多人反而会产生一种迷惘：花了半生的力气去追逐这些东西，表面上看来该有的差不多都有了，可是为什么自己却并没有变得更满足、更快乐？

一股细细的山泉，沿着窄窄的石缝，滴答滴答往下淌，也不知过了多少年，竟然在岩石上冲刷出一个鸡蛋大小的浅坑。奇异的是，山泉不知从哪儿冲来黄澄澄的金砂，填满了小坑，天天不增多也不减少。

有一天，一位砍柴的老汉来喝山泉水，偶然发现了清冽泉水中闪闪的金砂。惊喜之下，他小心翼翼地捧走了金砂。

从此，老汉不再受苦受累，不再爬山越岭砍柴。过个十天半月的，他就来取一次金砂，不用说，老汉的日子很快富裕起来。人们都感到蹊跷，不知老汉交上了什么财运。老汉对这天大的秘密守口如瓶，上不告父母，下不告妻小。

老汉的儿子跟踪窥视，终于发现了爹的秘密。他在认真看了看窄窄的石缝、细细的山泉，还有浅浅的小坑后，埋怨爹不该将这事瞒着，不然早发大财了。于是儿子向爹建议，拓宽石缝，扩大山泉，不就能冲来更多的金砂吗？爹想了想，自己真是聪明一世，糊涂一时，怎么就没有想到这一点呢？

说干就干，父子俩叮当叮当，很快就把窄窄的石缝凿宽了，山泉比原来大了好几倍，他们又凿大凿深了坑。父子两个累得大汗淋漓，想到今后可以获得很多很多的金砂，高兴得一口气喝光了一瓶老白干，醉成了一摊泥……

父子俩天天跑来看，却天天失望。金砂不仅没增多，反而从此消失得无影无踪。父子俩百思不得其解，金砂哪里去了呢？

水流大了，金砂还会沉淀下来吗？贪婪的父子俩连原来的金砂也失去了。

人不能没有欲望，没有欲望就没有前进的动力，但人却不能有贪欲，因为，贪欲是无底洞，你永远也填不满它，贪欲只会给你带来无穷无尽的烦恼和麻烦。

据说上帝在创造蜈蚣时，并没有为它造脚，但是它仍可以爬得像蛇一样快。有一天，它看到羚羊、梅花鹿和其他有脚的动物都跑得比自己还快，心里很不高兴，便嫉妒地说："哼！脚愈多，当然跑得愈快。"于是它向上帝祷告说："上帝啊，我希望拥有比其他动物更多的脚。"

上帝答应了蜈蚣的请求，他把好多好多的脚放在蜈蚣面前，任凭它自由取用。蜈蚣迫不及待地拿起这些脚，一只一只地往身体上粘去，从头一直粘到尾，直到再也没有地方可粘了，它才依依不舍地停止。

它心满意足地看着满身是脚的躯体，心中窃喜："现在我可以像箭一样地飞出去了！"

但是等它开始要跑时，才发觉自己完全无法控制这些脚。这些脚噼里啪啦地各走各的，它非得全神贯注，才能使一大堆脚不致互相绊跌而顺利地往前走。这样一来它反而比以前走得更慢了。

贪婪是一切祸乱的根源，不论做人处世，都必须控制贪欲。一间蜂蜜工厂的仓库里洒了很多蜂蜜，吸引了许多苍蝇，因为蜂蜜太香了，它们都舍不得离开。不久这些贪吃的苍蝇都因脚被蜂蜜粘住而飞不走了。当它们快溺死时，很难过地说："我们真是太贪心了，为了短暂的快乐却赔上了宝贵的生命。"

对付贪欲的最有效的方法就是学会放下，减少私欲，使我们从欲念的无底深渊中得到释放与自由，这正是快乐的始发站。与人相处，若好贪便宜必将被人唾弃；经营事业，若好高骛远，不能本着诚信原则慢慢扩张，事业也难以长久。

欲望是没有止境的，如果你不放下一些东西，你的身体和心灵一定越来越沉重，快乐就真的离你而去了，因此要学会自我放下、自我解脱，保持一颗平常心。少一点欲望，就会多一些快乐。仔细想一想，即便你左手财富，右手地位，一面是妻子，一面是情人，可是繁华终归会落尽，那时滑过心头的必将是失落与迷惘。

放弃是一种美丽，是一种心灵的豁达，学会放弃是一种智慧。为了达到目标，我们必须学会放弃一些物欲上的诱惑，学会对个人欲望的控制。其实学会放弃并不难，人生的许多东西是多余的，得到你该要的、该有的就够了，剩下的，在你心里淡淡地忘掉。

因为你的舍弃，你豁然开阔的眼界里将会发现人生中更多更美的风景，而且你也就学会了在简单的生活中寻找快乐。生活中有些东西并不容易改变，容易改变的，是人的心情，即使你一生中什么也没有抓住，但只要抓住了快乐，你依旧是天底下最富有的人。

在人生某个特定的时刻，你只有敢于舍弃，才有机会获取更长远的利益。即使遭受难以避免的挫折，你也要选择最佳的失败方式。人最大的愚笨有时就在于只想拥有，却不知道如何放弃。对于人生而言，如能抓住一半，已是很不错了。生命这条船载不动太多的物欲和虚荣，要想扬帆起航而不在中途搁浅和沉没，就必须轻载，把那些应该放下的，坚决果断地放下。

做有价值的事，你没必要太在乎富贵贫贱

真正有能力的人，真正的大才，是不会把名利放在心上的，他们所关心的是自己能不能做事，能不能做好事。功成之日，往往就是他们的退隐之时。他们绝不会留恋于名利富贵。

人不满足、不平衡，往往是没有得到自己想要的东西，是因为你把追逐名利作为人生的目的。人生的真正目的，最有价值的目的是：做事，做好事，好好做事，做成事。只能把名利作为做事、做成事以后的附带的奖赏，决不能作为目的。如此，你就永远会是那么心情恬淡，优哉游哉！

把做事当作人生最终目的的人，就不会有不必要的烦恼！

在名利面前，人与人之间的关系最难调和。人们往往把名利当成做事的目的，为了名利可以不择手段，事情做好做不好不是最重要的，能否出名，能否赢得利益才是最重要的。其实，这样想事情，内心永远难以平衡。名利犹虚，此话不假。千秋万岁名，寂寞身后事。能够用有用之身做点实事才是最重要的。

淡泊以明志，宁静以致远。真正有能力的人，真正的大才，是不会把名利放在心上的，他们所关心的是自己能不能做事，能不能做好事。功成之日，往往就是他们的退隐之时。他们绝不会留恋于名利富贵。他们甘愿粗茶淡饭，也不愿锦衣玉食。

不汲汲于名利，不戚戚于富贵，是真名士自风流。树大招风风撼树，人为名高名丧人，愿天下有识之士谨记。名利往往是招灾惹祸之本。

在《五柳先生传》里，渊明公刻画了一个"不戚戚于贫贱，不汲汲于富贵"的形象，原文如下：

先生不知何许人也，亦不详其姓字，宅边有五柳树，因以为号焉。闲静少言，不慕荣利。好读书，不求甚解；每有会意，便欣然忘食。性嗜酒，家贫不能常得。亲旧知其如此，或置酒而招之；造饮辄尽，期在必醉。既醉而退，曾不吝情去留。环堵萧然，不蔽风日；短褐穿结，箪瓢屡空，晏如也。常著文章自娱，颇示己志。忘怀得失，以此自终。

赞曰：黔娄之妻有言："不戚戚于贫贱，不汲汲于富贵。"其言兹若人之俦？衔觞赋诗，以乐其志。无怀氏之民欤？葛天氏之民欤？

这里的五柳先生安于贫贱，"环堵萧然，不蔽风日；短褐穿结，箪瓢屡空，晏如也"。自己家尚不能遮挡风雨，穿着也衣衫褴褛，还满不在乎的样子；而且还能赋诗明志，不为自己的生活苟且而忧，试想，这是一个什么样子的人，奇人欤？抑有病之人欤？无怪乎渊明也发出这是无怀氏和葛天氏时代的人的感叹了！

在我们这个"以利为宗"的时代，要做像五柳先生这样的人，估计是很难很难的，甚至是不可能的！何哉？

我等世俗之人，每天奔波于市井之间，为生活解决现实问题。初入社会，尚未摸清门道，就快三十了，家里和朋友都盯着问怎么还没有结婚，什么时候买房子，看人家谁谁开了辆轿车回来，人家谁谁工资一万几，如何如何。我想，京城流浪人中绝大多数碰到了这样的问题。有时候自己还不停地感叹我怎么就不是家财万贯、高薪好工作之人呢？对于那些工作了的，也是一肚子的牢骚，工价低廉，人生好大几了，一事无成，上面一句话，下面就忙得不亦乐乎，就是从来没有自己。总之，社会的抱怨来自每一个角落，个人的抱怨来自每一个毛孔。

而且，这也是众神狂欢的时代，财富、权力和名誉交相辉映，光怪陆离，煞是迷人。甚至有人在编造"中国梦"，实现从草根到暴发户的转变，那些天天买彩票想中 500 万的大奖迷难道不是生动写照吗？可我们的媒体每天都在编造着美好的梦想，而忘记了生活本身就是一个很严肃的话题。

在这样的背景下，有人会感叹人心不古，也有人躲进小楼，还有人事不关己，而我不会这样。我可以去观察，可以去思考，可以去评论，以更加积极的心态来面对这些问题。我不知道生活的本真状态是怎样，但我看到的现实社会是大部分人都在"戚戚于贫贱，汲汲于富贵"，每天都在为了点利益不择手段，斤斤计较，诚信失位，生活中我感到的是压抑，而不是官方编造的幸福指数。可能这只是一个都市外乡人的感觉，不能完全说明所有人都是这样，但我有时碰到出租司机都在喊爹骂娘的时候，似乎更能明白些什么。

"戚戚于贫贱，汲汲与富贵"是不是我们每个人心里的生动写照，能否说出了大家的痛隐处，我不知道，唯有以本心权量之！

做人要做得顶天立地，做人要做得像个样子。就是要在什么时候都能够保持住自己的品质，保证自己在任何的时候都能够以同样的坚定处理事情，才真正地算得上是大丈夫，算得上是个纯粹的人。具体地说，也就是富贵的时候不能够迷失自己，贫贱的时候要意志坚定，受到任何威胁的时候都不能够屈服。做到了以上的三个方面就能够真正地做出自己，真正地把自己塑造成一个更好的形象，真正地做自己想做的事情也就成为可能。

首先，富贵是来之不易的，是要求我们认真地珍惜的。好多的人在富贵到来的时候就忘记了富贵是怎么来的，就迷失了自己的方向。早就把当初的凌云般的壮志放到了脑袋后面，什么为富不仁的事情都做了出来，把自己的富贵用到了满足自己的物质欲望上。让自己辛辛苦苦换来的富贵成了做坏事情的资本，成了放纵自己的理由。那样的话还真的不如那些根本就没有富裕的人呢，还不如不经历那么多的努力呢。到头来还把自己推上了更为惨重的失败。

其次，贫贱的时候的坚定意志也是很重要的，也是要求我们一丝不苟地对待的。贫贱当然是我们任何人都不愿意承受的，是我们要极力避免的。但是也许真的是要有很多的人要经历贫贱的阶段，真的是要有更多的人通过在贫贱中的付出和努力才能够获得真正的成功。所以，学会在贫贱中的忍耐也就显得更加重要，也就真的成了我们是否成功的关键。而我觉得这其中更为关键的是要抵御所有的诱惑，在任何的诱惑面前保持自己宁静的心态真的是比什么都重要，是我们不能够抛弃自己志向的关键，不能忘记自己意愿的唯一的可能，做到了这样，我们才有可能于贫贱中崛起。

而"威武不能屈"呢？就是要告诉我们怎么面对所有的压力，怎么在压力面前不卑不亢，不向邪恶的势力低头。不屈服于一切不正当的事情才是坚持自己正确观点的人应该做的。往往现实生活中有好多的人缺乏的就是这一点，屈从于金钱、屈从于权势、屈从于利益甚至美色的真的是大有人在。而且还不知羞耻的认为是能屈能伸，认为是正确的处世之道，认为自己聪明得不得了，认为自己把事情的困难躲避过去了，可是真的是没有意识到前面还会有更大的困难在等候着你呢，前面的路会更加的坎坷。

真的是不应该相信什么所谓的"留得青山在，不怕没柴烧"，不应该相信"三十年河东，三十年河西"的道理，我们的生命是短暂的，我们年轻气盛的时间更是有限的，我们耽误不起，我们应该抓住任何的机会把自己的能力施展出来，把自己的观点亮出来，这样才是正确的拼搏方式，才使我们能够昂首天地间成为可能，而且也只有这样我们才能把一切的压力与威胁正确对待，在任何的困难面前都不会退缩，在多大的困难面前都敢于一搏。

保留自己的看法，隐藏自己的实力在有的时候是能够出奇制胜的。可是我们在更多的时候要把握事情发展的态势，要勇于承担自己的那份责任，要正确面对一切的意外的事情。而且还要有自己的立场，要有自己独立的判断，更要有一个最为珍贵的自我，我们就可以成为"富贵不能淫、贫贱不能移、威武不能屈"的大丈夫了。

你不想烦恼，就不要把身外之物看得太重

淡泊名利并非是一件易事，只有树立崇高理想和正确人生追求的人，才可能经受住各种诱惑的考验，做到不重名利，不计得失，用淡泊的情怀写出高尚的人生。

古往今来，淡泊是仁人志士的修身准则和不懈追求。诸葛亮提出"非淡泊无以明志"，这方面他堪称表率，他为官 27 载，居相位 15 年，可谓集文武大权于一身，但却始终廉洁自守，绝不以权谋私。那时，当

官的还没有"个人财产申报制度"，他便自觉地公开了自己原有的 800 株桑树、15 顷薄田的家产，并让妻子儿女耕织自食。

在几十年的革命实践中，老一辈无产阶级革命家率先垂范，同样表现了对名利得失的淡然处之和对人生信仰的不懈追求。新中国成立后，我军第一次授衔，许多老前辈都主动将高军衔让给别人，当时任总政治部副主任的徐立清同志，按各方面的条件都可以授上将军衔，但他说："我分管干部工作，应当对自己严格要求。"于是他主动给军委写信，提出自己不授上将军衔。毛泽东赞扬了他的可贵精神，并亲自批准他为中将军衔。

淡泊是一种境界。当愿望得到满足时，不沾沾自喜，不忘乎所以，当愿望一时达不到时，不怨天尤人、不牢骚满腹，做到"贫，气不改；达，志不改"，把功名利禄看得淡一些，将人生烟云静而化之，是人生的一种境界。淡泊也是一种修身。常言道："淡泊以明志，宁静以致远。"生活上自觉戒奢、追求俭朴，事业上兢兢业业、艰苦奋斗，两者相辅相成，既是立身做人的根本，也是成就事业不可缺少的条件。淡泊还是一种豁达。人是有所追求的，但要对所追求的事物有个正确的心态。看轻身外之物，不以物喜，不以己悲，对待名利，像苏东坡那样"芒鞋不踏名利场，一叶轻舟寄渺茫"，实是人生的一种境界。

淡泊名利并非是一件易事，只有树立崇高理想和正确人生追求的人，才可能经受住各种诱惑的考验，做到不重名利，不计得失，用淡泊的情怀写出高尚的人生。

"世人都晓神仙好，唯有功名忘不了！古今将相在何方？荒冢一堆草没了！世人都晓神仙好，只有金银忘不了！终朝只恨聚无多，及到多时眼闭了。"

"为官的，家业凋零；富贵的，金银散尽。有恩的，死里逃生；无情的，分明报应。欠命的，命已还；欠泪的，泪已尽。冤冤相报实非轻，分离聚合皆前定。欲知命短问前生，老来富贵也真侥幸。看破的，遁入空门；痴迷的，枉送了性命。好一似食尽鸟投林，落了片白茫茫大地真干净！"

人生如梦，又像是一场游戏，不管怎样吝啬或算计，最终还是要赤裸裸地离开这个人世间，不可能把一生积累的物质财富带进坟墓。由此看来，人活在世上，应该追求精神和灵魂的升华，钱财都是身外之物，生不带来，死不带去；名利如云烟，到头终是一场空。人生中真正最富有的时刻，不是腰缠万贯之时，而是在心中看淡并且放下名利的一刹那间。

美国青年麦克的父亲罗曼先生，是一家证券交易所的一名普通职员，他的工资不太多，而且一半要用于医药费，另一半有时用来接济比他们还穷的亲戚，日子过得非常拮据。在这座小城里，唯一没有汽车的人家，就是麦克家了。做人要有骨气。一个人有了骨气，就是有了一笔珍贵的财富。怀着希望生活，这就等于有了一大笔精神财富。麦克的母亲经常这样安慰她的家人。

在他们城市的庆祝城市节那天，一辆崭新的别克牌汽车吸引了全城人的目光。这辆车将作为奖品，在大街上那家最大的百货商店橱窗里展出，定在当晚以抽彩的方式馈赠给得奖者。然而，谁也想不到他们这个在城里唯一没有汽车的人家会得到幸运女神的眷顾。所以，当高音喇叭宣布麦克的父亲罗曼先生为这辆彩车的得主时，麦克简直不敢相信自己的耳朵。

他的父亲缓缓地开车驶过人群。好几次，麦克想上车同父亲分享幸福的时刻，都被父亲赶开了。最后，父亲竟然吼道："滚一边去，让我清静一下！"麦克对此大惑不解，回家后，他委屈地告诉了母亲。母亲则对父亲十分了解，她温和地说："你误会你父亲了，他此刻正在考虑一个道德问题，但是我想他很快就会找到适当的答案的。""为什么？我们中彩得到汽车，难道不道德吗？"麦克疑惑地问。"这就是问题的关键：我们根本就不应该得到这辆汽车。"母亲回答说。"不可能！"麦克失态地大叫起来，"爸爸中彩分明是大喇叭里宣布的。"

"来，看看这个。"母亲指了指桌上台灯下放着的两张彩票存根。迈克看到，存根的号码分别是348、349，中彩号码是348。"你看看，这两张彩票有什么不同？"母亲又说。麦克反复看了几遍，终于发现，一张彩票的角落上有用铅笔写得不太明显的"K"字。母亲对他解释说，这K字代表一个名字——凯滋克。

"基米·凯滋克？"杰克有些不解。因为，凯滋克是爸爸交易所的老板。"对。"母亲肯定地说。原来，当初买彩票时，父亲对凯滋克说，他可以给凯滋克代买一张。为什么不可以呢？凯滋克随口应道。老板说完，就出去了，也许他再也没有想过这事。348这张正是给凯滋克买的。

"汽车应该归爸爸！"麦克激动地说："凯滋克是一个有名的千万富翁，家里有十几辆汽车，他不会计较这辆别克车的！""让你爸爸决定吧，"母亲心平气和地说，"他知道该怎么做的。"这时，父亲进门后径直去了最里面的房间，麦克听到他给凯滋克打电话。翌日下午，凯滋克的两个司机上门，送给麦克的父亲一盒雪茄，然后开走了别克车。麦克一直到成年之后才拥有了一辆属于自己的汽车。在经历人生的酸甜苦辣之后，他终于理解了母亲的那句"人有了骨气，就是有了一大笔财富"的格言。回首往昔之时，麦克深有感慨地说，他的父亲打电话给凯滋克的那一瞬间，才是他们一家最富有的时刻。

红尘中的一切繁华只不过是身外之物，名利相争既伤人也伤己，来来往往都是匆匆的过客，灯红酒绿也不过是一场浮华的云烟。在物欲横流的时代，如果把名利之心放淡一些，心中就多了一份祥和和恬静。以淡泊的心态处世，用简单对付一切复杂，是一种十分潇洒的人生境界。看透了人世间的名利如云烟，人生就会变得云淡风轻，心境也如山间的清流小溪——清澈、透明而充满生机。

幸福不是按斤称，你懂得珍惜就足够了

人要懂得惜福，惜身边握得住的福气，就是惜最可贵的生命。因为人的一生，得付出许多宝贵的东西，当时也许舍不得，但必须换取，过后也许不在意，但是已然失去，得到了也许看不起，得不到又觉得不甘心，总是在反复中失去了本心。待到全不在乎时，已然错过了一切，无从拾取。

总会听到有人问什么是幸福。其实幸福就在你我的身边，只是有时没注意而已。爱人给的幸福是甜蜜，家人给的幸福是温暖，朋友给的幸福是踏实。吵吵闹闹也是幸福的。

在对的时间遇见对的人才是最幸福的，世界这么大，两个人遇到非常不容易，所以要珍惜。不要让幸福与你擦肩而过。不要抱怨，你很孤单，没人懂你，应该乐观起来，露出笑容，等待幸福的到来。一碗面，

一个可以遮风挡雨的地方，对于那些流浪街头的人来说就是幸福。

我们经常在城市里看到农民工的身影，有人对他们总是避之不及，嫌他们脏，没有素质。我想他们比那些人幸福。至少不会放弃生活的追求，他们的幸福就是挣钱，给妻子儿子花。就这么简单。

幸福未必要名牌化妆品、豪车、别墅等。平凡的生活也有很多的小幸福。只是有些人早把虚荣心放到奢侈的物质上面，怎会看到那些小幸福呢？

家人给的幸福总是温暖的。不管我们受了多大的打击，怎么狼狈，回到家父母还是会嘘寒问暖地关心我们。小时候父母从外面打工回家，给我们带好吃的。那种感觉最幸福了。可我们总嫌他们唠叨，管的闲事太多。要知道，除了他们，谁会管你的闲事？谁会关心你？如今我们慢慢长大，他们却慢慢变老。每个人都会变老，如果和爱的人一起慢慢变老，才是最幸福的。还有兄弟、闺蜜，也陪我们一起变老！请珍惜跟父母在一起的幸福。也感谢每个陪在我们身边的人，是他们给了我们幸福。

人要懂得惜福，惜身边握得住的福气，就是惜最可贵的生命。因为人的一生，得付出许多宝贵的东西，当时也许舍不得，但必须换取，过后也许不在意，但是已然失去，得到了也许看不起，得不到又觉得不甘心，总是在反复中失去了本心。待到全不在乎时，已然错过了一切，无从拾取。

有的人穷其一生，只为一份名，从来不去细想这份名是不是该属于自己，追寻啊追寻，只落得事如春梦了无痕，有些人汲汲营营只为利，要弄钱不惜伤天害理。更多的人看不破情关，贪求一个不在轨道上的感情，失去了准头，久久唤不回自己，最是伤情，为什么不回头想想家中已有了曾经患难与共一起走过许多好或坏日子的相知伴侣，为什么不抬头望望，天外有天，何处才算登峰造极，为什么不能淡然于生不带来、死不带去，餍无日无己，为什么不懂得知足就是快乐。

惜福、惜缘、惜物、惜字，每一份心，都是一份心，就在每个人方寸之间，小小的一方，变化万千，是好或是难过，全看你自己怎么过，你怎么种就怎么收，聪明的你，告诉自己，该选择多大的空间给自己容，给自己梦。

或者，珍惜已经拥有的，你就可以对自己大声地说："你快乐吗？我很快乐。"在忙忙碌碌的生命中，可曾有过真正的满足？可曾有过真正的感恩？可曾享受真正的淡泊自适？那不是一种离群而索居的孤寂，而是一种更入世的付出，而因为有了真心的付出，以致心中有一种富足和平静的淡淡感应，那份感应，会使自己更好。

雄鹰正因为懂得珍惜它那矫健的双翅，才得以在蔚蓝的天空上翱翔；小草正因为懂得珍惜足下的土地，才得以实现自己的价值；而唐太宗正因为懂得珍惜魏征，才得以成就"贞观之治"的传奇。我们也要学会去珍惜，珍惜我们所拥有的，那拥有的一切会让我们受益无穷，幸福一生。

幸福其实就围绕在我们的周围。一切的人类都免费地拥有阳光与空气，这就是我们的幸福。大多数的人们都生活在和平的环境里，这是我们大多数人的幸福。作为学生，我们可以学习到许多知识，这也是我们的幸福。这些幸福是如此轻而易举地享受着，难道我们不应感激它和珍惜它吗？

珍惜了这些我们拥有的，我们就能健康地生活，无忧无虑地生活和掌握生活的方法，所以这才是我们最基本也是最难得的幸福！

历史上有多少人因为不懂得珍惜幸福，最后落得个身败名裂的下场。

夏桀和商纣靠世袭获得最高统治权，他们因为没有珍惜这种特权去造福人民，而是利用这种特权去欺压人民、迫害人民，最后的结果是人民把他们推翻了。

清朝后期的统治者故步自封、夜郎自大。外国使者诚意与之结交，他们却把别人拒之门外，实行闭关锁国。结果别人已经发展到工业革命，时代科技飞速发展，而中国已远远落后于世界，导致后来被外国侵略者强迫打开中国的大门，成为外国人的"摇钱树"。中国四万万同胞陷入水深火热之中。

幸福就在我们每个人的身边，谁懂得珍惜，幸福女神就眷顾谁。

也许有人觉得他自己一点幸福也没有，伴随他的是苦难与挫折、失败与泪水。何来去珍惜？但是伟人说过："苦难是一所大学。"是的，在苦难与挫折中我们培养了意志，增强了毅力，丰富了人生阅历，这难道不是因祸得福吗？失败只会让我们获得了经验和教训，如果我们能改变心态，坦然面对，并从中汲取"养料"，我们就会获得成功，幸福也将随之降临。

珍惜拥有的一切吧，特别是要珍惜拥有的幸福，这样人生才会精彩，如雨后的彩虹一般。

你不要因为走得太久，就忘记了自己的初衷

生活中的诱惑太多，磨难太多，而我们的心态、激情、志向、目标总会被欲望所影响，所拖累，直到最后才开始抱怨自己。

《左传》记载，宋国的子罕素有廉洁爱民之志。一次，有人得到一块玉并献给他，他拒绝说："你以玉为宝，我以不贪为宝，若受玉，你我皆失其宝。"子罕拒绝了玉，守住的却是自己最珍贵的宝——为政初衷。

初衷，意为起点时的承诺与愿景。不论是新生的工作领域、新生的升职，还是刚刚拥抱事业的人，都有自己的初衷。初衷之所以可贵，在于其美好而纯真、高尚而炽热，饱含拳拳赤子之心，对"为什么出发"很明确，对"目标是什么"很明晰。初衷是事业的"北极星"，如果忘记初衷、背离初衷，就会精神迷茫、丧失方向，甚至误入歧途。陈云同志曾告诫，"革命者要时刻不忘把最初的信念带在身上"，说的就是这个道理。

事业之初，绝大多数人理想笃定、目标清晰，对什么该做清清楚楚，对什么不该做明明白白，工作兢兢业业，言行有规有矩。然而行至途中，乱花渐欲迷人眼，少数人就忘记了初衷，为名所累、为利所缚，动了贪心、起了邪念，贪图享受、沉溺诱惑，违法乱纪、擅权妄为。"聪明不及于前时，道德日负于初心。"直到牢门打开，他们才幡然醒悟：要是牢记初衷、恪守初志，就不会堕落到连自己都不认识。

与初衷分道扬镳，往往在不知不觉间。有的自认为工作时间长，思想觉悟就高，从而将初衷忘在一隅，不再勤对照、常查看，任其蒙尘生灰。有的认为偶尔伸一次手、出一次格无伤大雅，殊不知伸手出格之时，初衷已悄然褪色。有的不见贤思齐，反倒苍蝇逐臭，随着身上的歪风之毒日深，初衷也被彻底腐蚀。与初衷殊途，他们曾经期盼的美好蓝图，彻底变成了镜中花、水中月。

不忘初衷，方得始终。新中国成立时期，即便面临生死抉择、面对利益诱惑，胸怀救国救民的梦想依旧岿然不动、心志不改。正因如此，当初我们的人民军队方能赶跑侵略者、打败反动派、建立新中国。陈赓在上海养伤时被捕，蒋介石送去中将参谋长的委任状和衣帽服饰。他不为所动，凛然道："此衣不能穿，此帽不能戴，此官不能当。""要杀就杀吧！"

　　一个人有一天想要往墙上挂一幅画，就连忙找来锤子。当他把钉子钉进墙后，却发现这个钉子根本挂不住这幅画。怎么办呢？他说，那就只能往墙里揳一个小木楔子，然后再钉钉子。他去找木头。找到木头发现太大，又去找斧子。找到了斧子，发现这块木头不顺手，又去找锯子。锯子有了，又发现锯条断了，又去找锯条。这样一件一件东西找下来，等到他把所有的东西都凑齐了，他已经不知道要干什么了，他早就忘记了那幅画了。

　　这则故事很多人都听过，也都有各自己的感想。非常有意思的一则小故事，其实也很像我们今天的生活。我们在行走，我们在奔波，我们终日忙忙碌碌，但是我们忘记了为什么而出发。很多时候，我们会置身于这样的茫然中。所以，人需要看清自己的目的，看清自己的方向，看清自己到底该做什么、不该做什么。

　　很多人忙忙碌碌，从早到晚都在不停地工作，说起来也是忙了一天，可到了晚上，问自己一天究竟忙了什么，做了些什么，却记不起来了。生活没有计划，没有目标，那就是在瞎忙，没有意义的忙碌。就跟上面那则故事中的人一样，本来是要往墙上挂一幅画的，却因为找工具、准备工具而忘记了挂画。生活中的诱惑太多，磨难太多，而我们的心态、激情、志向和目标总会被欲望所影响，所拖累，直到最后才开始抱怨自己。

　　曾经，我们年轻的时候，都有各自的梦想，都有各自的追求，激情万丈，准备大干一场。开始的梦想都是美好的，是值得向往的，为了梦想，我们做好了出发的准备。但当我们真正走入现实以后，经历的风雨多了、挫折多了、苦难多了、委屈多了，我们在追梦的过程中，梦想被残酷的现实给打磨得平淡无奇，渐渐地我们随波逐流、安逸求存，渐渐地也忘记了当初的梦想。就跟谈恋爱一样，原来两个人很相爱，开始在一起谈恋爱，谈得久了，经过社会的打磨，原本拥有的那份感情就开始淡化，也忘记了当初为什么会走在一起。梦想与现实的差距是很大的，我们当初想的，未必将来能够成真。而我们活在这个世界上，就是为了弥补梦想与现实之间的差距，也为了我们的梦想才与实现斗争。

黎巴嫩诗人纪伯伦早就告诫世人："我们已经走得太远，以至于忘记了为什么而出发。"今天，我们社会发展的航船正劈波斩浪，高歌猛进。但越是这样，就越需要我们多一些清醒和冷静，时时检视和反思，追问目的，审视手段，实现两者的有机统一，在正确的方向上稳健前行，才能走得更远。

有的时候，明明早上写的计划，计划今天要做什么，但是呢，在计划的过程中，总会因为一些杂七杂八的事情而耽误，时间是固定的，事情是多变的。当事情大于所拥有的时间时，我们计划面临崩溃。该如何调整呢？为了当日的计划能够顺利完成，要学会自我分析，分析当日是什么事情耽误了自己大量的时间；是什么事情，花了大量的时间而没有效率。找出罪魁祸首，砍掉它。我们可以走远，但不能忘了自己的目标是什么，目标永远是我们的行动向导。

第八章

你的生气有了底线，幸福就有保障

不生气，并不是指没脾气，而是指我们不随便生气，控制好自己的情绪。因此，我们必须给生气设置个底线，通过这个底线来将我们的情绪控制在有效范围之内，而不是无底线地不生气——无底线地不生气，最终也将侵蚀我们的幸福。

你可以失败，但你的信念不可毁灭

坚持，就是不畏艰险，持之以恒；坚持，就是即使跌倒，也能快速地站起，重新斗志昂扬地面对挫折和挑战，并最终克服它；坚持，就是不论他人怎样误解，都能守住自己的信念，横眉冷对千夫指。

荀子说过："锲而舍之，朽木不折；锲而不舍，金石可镂。"可见从古代起，我们就提倡要持之以恒。

爱迪生坚持试验上百次，不论遇到什么困难都不放弃，终于发明了灯泡；诺贝尔坚持20多年，多次在试验中受伤，但却不肯停下，终于制成了安全炸药；居里夫人不畏艰险，从成吨的工业废渣中提炼出了镭，即使健康受损，也不曾放弃。

由此可见，一个新的科学发现常常是基于十几年甚至几十年的坚持，最终才能获得成功。不仅科学发明是这样，各方面的事物都是这样。没有坚持，司马迁如何能在受到侮辱后写出被誉为"史家之绝唱，无韵之离骚"的《史记》？没有坚持，王羲之如何能练黑池水，成就令后世惊为天人的书法？没有坚持，郑和如何能七下西洋，将中国文化向外传播？没有坚持，玄奘如何能历时17年前往天竺，将佛法传入中国？这样的例子不胜枚举。

通往成功的道路注定是荆棘丛生的。没有坚持的精神，如何能一路披荆斩棘，克服重重困难，最终获得成功？"滴水穿石""铁杵磨成绣花针"的故事人尽皆知，但只有真正理解这些故事中所蕴含的坚持精神的人才能够获得成功。

坚持，就是不畏艰险，持之以恒；坚持，就是即使跌倒，也能快速地站起，重新斗志昂扬地面对挫折和挑战，并最终克服它；坚持，就是不论他人怎样误解，都能守住自己的信念，横眉冷对千夫指。

汶川安县桑枣中学校长叶志平亲自加固了"豆腐渣"教学楼，在 4 年里坚持组织学生紧急疏散练习，让学生牢记逃生路线。汶川地震没发生前，叶志平的做法无人认同，甚至有人对其冷嘲热讽，认为他杞人忧天，但他仍然坚持了下来。2008 年 5 月 12 日 14 时 28 分 04 秒，八级地震猝然袭来，无数生命就此消逝。但安县桑枣中学全校 2200 多名学生、上百名教师仅用了一分半钟就全部撤离到操场，无一伤亡。试想如果没有这位校长的坚持，这所中学的学生有多少将要死于这场地震！正是坚持的精神，使叶志平能够顶住压力，顶住他人的误解而坚持自己的做法，保全了全校师生的生命安全。

蔡锷说过："精诚所至，金石为开。"迈克尔·乔丹说过："我可以接受失败，但我不能接受放弃！"约翰生说过："成大事不在于力量的大小，而在于能坚持多久。"所有这些名言警句，所有古今中外的事例都告诉了我们："坚持到底就是胜利。"这是一个很简单的道理，却是一个难以付诸实践的道理。如果我们懂得了这些，我们就不会被生活中的小小挫折打倒，我们就不会在几次失败后斗志全无。拥有了坚持的精神，我们就能持之以恒，克服一切我们面对的困难，最终获得成功。

"锲而舍之，朽木不折；锲而不舍，金石可镂"。可想而知，坚持信念是一股追逐夙愿的熊熊烈火，坚持信念是摆脱枷锁禁锢、开怀地在辽阔长空翔游而展现英姿的雄伟翅膀，坚持信念是打开心扉尽情地在苍茫大地驰骋的动力源泉，坚持信念是焕发神圣曙光的黎明晨曦。

　　然而，对于当今社会锲而舍之，始乱终弃的人与锲而不舍，坚持信念的人形成了一个鲜明的对比，究竟两者之间有着怎样的联系渊源？究竟两者又是怎样的落幕？

　　"锲而舍之，朽木不折。"《荀子·劝学》篇中，荀子写道：如果镂刻而不能坚持下去，就连朽木也不会被折断。比喻做事要持之以恒，善始善终。然而，古往今来，违背这个道理，与这个道理背道而行的人都不得善终，终究沉沦于万丈迷茫的深渊，演绎着峥嵘岁月坎坷的落寞悲剧。

　　在春秋战国时期的吴越战争中，吴王夫差为了替夫阖闾报仇，起初树立宏愿，心系国家，为了追逐自己的夙愿，他励精图治，促进了国家的发展，推动了国家的进程，让国家迈向鼎盛的巅峰，迎来繁荣富强的蓝天，播种大地的春芳。结果，经过吴王夫差实施一系列的政策改革，吴越一战后吴王夫差大胜越王勾践。然而，吴王夫差却满足于现状，并没有把昔日大治的雄风延续和弘扬下去，而是半途而废，不把精力倾注于内政，故步自封，一直沉沦和陶醉于美酒佳人，没有采取任何措施治理内政，致使吴国的国力一直衰落，最终陷入迷茫的深渊。而被放虎归山的越王勾践方面，卧薪尝胆，坚持不懈，让昔日濒临沦陷的国家焕发出生机的曙光，播种太平的春芳。最终，越王勾践逆转式战胜吴王夫差。纵观吴王夫差的一生，由树立宏愿，坚持不懈地发展堕落到后来的半途而废，锲而舍之，结果一生就演绎着沉沦堕落的殒命悲剧下场。

　　"锲而不舍，金石可镂。"《荀子·劝学》篇中，荀子写道：只要坚持不停地用刀刻，金属石头也可以雕成花饰。比喻做人要拥有锲而不舍的精神。古往今来，顺从这个道理的人最终会成就一番事业，让自己的人生闪耀璀璨，闪烁着灿烂的光辉。在近代的历史风云中，诞生了伟大的发明家爱迪生。爱迪生伟大的创举，并非一朝一夕造就的，也并非神圣的智慧结晶铸就的，爱迪生能拥有灿烂的辉煌，都是由坚持不懈的努力、流下汗水铸造而成的。爱迪生曾经说过一句名言："天才是由百分之九十九的汗水加百分之一的灵感铸就成的。"纵观爱迪生的一生，经历过无数次的挫败，但是坚持信念，锲而不舍，才迎来久违的希望曙光，诞生伟大的创举，足以见证爱迪生名言的真实性和可靠性，他伟大的创举和灿烂的辉煌都是由坚持信念的汗水铸就和沉淀而成的。

坚持信念的汗水可以沉淀出成功的辉煌。"杂交水稻之父"袁隆平也是一个典型的例子。当袁隆平成功研究出杂交水稻之方法的时候，除了告慰昔日饱受沧桑的心灵，回首过去，曾经遭受过他人的不信任，曾经遭受过他人冷眼与嘲笑，曾经遭受过盛夏酷暑的炽热和寒冬飞雪的严寒，经历过挫败的折磨，经历过即将成功的破灭，经历过汗水的沉淀，但是自己却坚持心中承载已久的信念，力挽狂澜，锲而不舍，最终铸就灿烂闪烁的辉煌，让举世瞩目的杂交水稻诞生于苍穹乾坤之下。纵观袁隆平的一生，"杂交水稻之父"的荣誉称号和杂交水稻之方法无疑亦是由锲而不舍的精神和坚持信念的汗水沉淀而成的，让即将面临黯淡的一生焕发神圣的曙光，点亮了黯淡的人生，让人生由此闪耀璀璨，绽放光芒。

只要拥有梦想，你就有成功的潜力

只有我们勇于追求梦想，才有实现的一天。我们要放飞理想，让它为我们插上隐形的翅膀，飞向那美丽的梦想深处。

最近流行大主题思想——"中国梦"，我们要敢于创新，多问几个为什么，我们为什么要这样做，其实在中国梦的道路上是没有先例的，没有任何规律，只要有自己的想法，就应该将它实现。不要为过去的不快而迷失了自我。

比如，你打翻了一杯牛奶，你别为打翻牛奶而哭泣，也就是说我们做人不要因过去的过错而消沉和哀愁，只要抓住了更好的机会，再次去努力，将它做好，弥补过错，这就应了大哲学家萧伯纳说的："为什么要做这个事，为什么不做这件事？"假如你放弃了未来的机会，却一直责备自己、自卑，那你就不可能成功！因为你放弃了以后的机会，而去为短暂的过错所烦恼，真是应了韩信的那句话："小不忍则乱大谋。"

创新与挑战也是同样不可缺少的，学会创新，也是一项必不可少的生存技能，像我国杂交水稻育种专家袁隆平，如果不是他的奇思妙想，我们人类可能早就没有多少口粮了，如果不是他的创新，我们可能已经面临着随时被饿死的危险，但袁隆平又面临了多少困难，多少崎岖不平的道路，可袁隆平坚持下来了。

梦想，不就是要让人实现的吗？只有我们勇于追求梦想，才有实现的一天。我们要放飞理想，让它为我们插上隐形的翅膀，飞向那美丽的梦想深处。只要有梦想，你还有什么好害怕的呢？我们要学老鹰那样去搏击长空，挑战自己的纪录。不要像那些笼子里面的珍贵物种，其实它们永远是井底之蛙，不可能知道外面的世界多么奇妙。成语"鹏程万里"不就是讲的这个道理吗？

放弃该放弃的，不要努力了很久之后，没有坚持，就又放弃了。那样白费了心血，还不如去搏一下，万一胜利了，比你中途放弃要好得多。当然，你也别去梦想那些不实际的东西，即使是有梦想了，一切也是空谈。把握好未来的机会，总结以前的教训，放飞梦想，坚持走自己的道路，在梦想面前人人平等，学会自己创新，这才是最正确的！

马丁·路德·金说过"如果你的梦想还站立的话，那么没有人能使你倒下"。从古至今，不知多少人面对着浩瀚的夜空、满天的繁星而放飞梦想，放飞希望，放飞未来。斑斓璀璨的星空又见证了多少伟大梦想的实现，人类就在梦想中一步步从荒蛮走向文明，从过去走向未来。

人类最初的梦想是天真的。看见鸟儿在空中飞翔，我们梦想能像鸟儿一样自由搏击广阔无垠的天空，于是我们有了飞机；看见鱼儿在水里游弋，我们梦想能像鱼儿一样欢乐地遨游辽阔无际的海洋，于是我们有了船舶；看见世间万物，我们梦想能超越一切，于是便有了现在。

正如每一条小溪都梦想汇入大海，为此而奔流不息；正如每一株树苗都梦想长成参天大树，为此而茁壮成长；也正如每一只雏鹰都梦想拥抱蓝天，为此坚强地一次又一次张开翅膀。正是因为拥有了梦想，又坚定了实现梦想的信念，许许多多不畏艰难的人们前赴后继，使一个个不可能变为现实。人类为了美丽的梦想，从未停止过艰难的求索。

哥白尼因大胆怀疑"地心说"的科学性，勇敢地提出了"日心说"而惨遭迫害。布鲁诺因宣传哥白尼的真理而被活活烧死。可是后人却没有退缩，伽利略实现了他的梦想，证明了"日心说"这一科学推断。这一过程艰难而漫长，但因为人类有梦想并为梦想而坚持，最终梦想成真。

为了梦想，有的人脚踏实地地努力奋斗，而有的人只是躺在梦想的摇篮苦苦等待。努力付出者必将收获美梦成真的喜悦；蹉跎岁月者换回的只是时间在脸上留下的悔恨，最终一事无成、一生虚度。虽然并不是所有的梦想都能变成现实，但是"临渊羡鱼，不如退而结网"，与其花时间去等待，不如加快步伐去追寻梦想，试着与时间赛跑。也许身体和心理疲惫，但是汗水中会收获充实的生活。而现在的我们呢？该用青春点燃自己梦想，并为梦想插上知识的翅膀！

马丁·路德·金演讲过《我有一个梦想》。他为他的梦想而努力，最后献出了宝贵的生命。他没能完全实现他的梦想，可是他的付出、他的追求、他的坚持，给世人树立了一个反对种族歧视的榜样，人们记住他，并因此纪念他。看今天的美国总统奥巴马——这个美籍肯尼亚裔黑人总统正是马丁·路德·金梦想变成现实的一个有力的诠释。让我们看到人类不因种族、肤色的不同而存在歧视和争端，让我们记住人类是一个大家庭，我们拥有同一个家园——美丽的地球。

梦想是生活的延伸和拓展，是人类进步的动力，是创造的源泉。让我们拥抱梦想，生命不息，梦想不灭。

你就是自己的神，想要什么样的未来自己定

我们每个人都在为了心中的梦想努力着，都在拿着模糊的地图找属于自己的路。人有七情六欲，都有私心，有人挡住自己的路会无情地践踏过去，有障碍挡住会爬过去。成王败寇，只看你有没有毅力、自信，结局永远是由成功者书写。

人常说，环境将直接影响一个人的人生，这个人将要到哪里去可以先看这个人从哪里来。而我却不这么认为。岔路口面前，我们总是犹豫，该往左走还是往右走；考试面前，我们总是犹豫，该选 A 还是选 B；命

运面前，我们总是犹豫，该是屈服还是挑战。上天给了每个人一个公平的平台，后天的发展完全取决于自己。对一个只会安于现状的人来说，也许他的命运与自己没有丝毫关系，完全取决于上天的安排；但对一个有头脑、敢于挑战、敢于拼搏、敢于尝试的人来说，也许会是人定胜天的说法。每个人总会遇到形形色色的路口，但总有那么一些人怕了，放弃了选择的机会，让自己陷入一种不堪的状况；也总会有那么一些人抱着尝试的心态选择了，最终功成名就。

东汉末年，刘备陷入即将灭亡的处境，他被曹操包围，地位也将随着刘表之死变得一文不值。当他听说隆中卧龙岗的诸葛亮博有才识，但是没人请出过他，刘备却执拗地去尝试拜访诸葛亮，第一次第二次都未曾见到诸葛亮，刘备真诚拜访又去了一次。第三次，诸葛亮正在睡觉，刘备就一直等到他睡醒，才坐下谈话。后来在诸葛亮的帮助下解除了当时的困境。

袁隆平，杂交水稻之父。1960 年的一次饥荒，让多少当时的中国人败在了饥饿下，人民流离失所，贫困交加，饱暖不得保障。袁隆平也是一位受过饥饿的人，他不甘倒下，他以自己的才智，进行一次次的实验，他顶着炎炎夏日的太阳，忍受着炽热，驼背弯腰，寻找自己实验用的植株。他尝试了千万次，失败了千万次，但他始终不放弃，一次次的实验，一次次的尝试，他成功了，成为我们举世瞩目的崇拜者，他以最快的速度，将自己的方法扩展到全国甚至世界各国，让我们中国人摆脱了饥饿的压迫，让我们人类有了力气去拼搏，去努力。

并非所有事情都被环境所限制，命运掌握在自己手中，自己的路最终还是要由自己来完成的，如果一个人总是安于现状，事事都要被环境所牵制，那么这个人始终都是被动的。尝试了不一定成功，但是每一次尝试都是你经验的积累。如果说，你有机会去尝试，那么你每次的尝试都代表你离成功将更进一步。

尼采，德国哲学家。尼采对于后代哲学的发展影响极大，尤其是在存在主义与后现代主义上。开始他是一名哲学家，他的著作对于许多科学领域都提出了批判，但是也由于这个原因他的思想并不被当时人接受，尼采却一直发表抨击、批判传统的基督教道德和现代理性的著作，并且建立许多新的哲学。由于尼采长期不被人理解，最终失去了理智。他其实已经走到了成功的边缘但他却仍是没有坚持住，最终在精神中崩溃。如果当时尼采可以尝试着寻找一种属于自己的环境去发展，那么他著作的成就也许会是另一种样子。梦想，环境，命运，尝试改变环境去成就梦想，尝试改变环境去选择命运，尝试着去做自己的风水师。纵观古今，凡有成者，他们无不具有勇于尝试的精神。刘备不因自己形势危险而放弃自己的理想，去尝试着三顾茅庐，最终成功；袁隆平不因艰苦而放弃拯救中国的胸怀大志，去尝试着杂交水稻，最终成功；而尼采却相反，他因为接受不了长期地不被人认同而导致精神崩溃，最终在这样中死去。

其实我们都在怀疑自己，我行吗？就这样的一念让两个起点相同的人却走出了两条不相同的路。我们总是不相信自己，总把自己的命运交给时间，却未曾想过去做自己命运的风水师。有些时候就该试一试，在面对命运对你发起挑战时，不管成功与否，不妨对自己说，试一试，再试一试。

命运，是一个很缥缈的东西，有人相信命运，走到了塔顶，或者坠落到崖底；有人想逆天改命，但成功的概率，与中六合彩一样。但有了毅力，终有那么一天，前方，不再是灰色的雾。

不相信命运，因为它太过虚假，七分人定，三分天定，什么"命里有时终须有，命里无时莫强求"，那只是懦弱者寻找的港湾，不去努力，怎么知道结局是什么；不去努力，怎么知道它是有毒的果子还是甜美的果子？只有走过了，努力过了，哪怕得到的是一场梦，但却知道了下一步该往哪里踏。

我们每个人都在为了心中的梦想努力着，都在拿着模糊的地图找属于自己的路。人有七情六欲，都有私心，有人挡住自己的路会无情地践踏过去，有障碍挡住会爬过去。成王败寇，只看你有没有毅力、自信，结局永远是由成功者书写。

身有残疾也不可怕，腿没了还有手，手没了还有心，如果连心也没了，那么，一辈子，你的梦终究是梦。理想，理想是什么？它不是口上说的计划，也不是敷衍的借口，它是自己的心，是理想的最终汇集地，是幸福。为了自己有了理想，为了恋人有了理想，为了家人有了理想，有了理想才有梦，梦想与理想，一字之差千里之遥。

人生价值不在你享受了什么，而在你能为别人做什么

人生的价值不是你享受了什么，而是你能为别人做点什么，当走到生命的终点时能给别人留下的是诸多的难舍与念想。

一生无非有两个问题纠缠着我们：生存和生活。生存下来之后，才会考虑如何更好地生活，人的所作所为都是围绕着这两个话题而展开，

先要生存，之后才会考虑如何生活得更好，活得自在，活得精彩，体显自己的价值，提升自己的品位，随之而来的烦恼也在众多需求之中体现出来，一次次地抉择、选择，乐此不疲。

人之初，性本善，人基本上都是一样的，唯一不同的是满足的本性，都是一样赤条条地来到了这个世界，只是因为生在不同的环境，从而造就了不同的人生目的，不同的人生渴求，不同的人生幸福感。

有一位盲人足球领队，带着团队在残奥会上一举夺冠。他开始是开了一家盲人按摩店，月收入 5000 元，一次偶然的机会，接触到了足球，从此，他的身影无数次地驰骋在足球场上，并一次一次为国家赢得了荣誉。

当人问起，你现在的收入是多少时，他的回答让在座的观众都惊呆了。"什么，我是不是听错了，一个月的补贴只有 300 元，这是什么概念？"当有人问他在操场上厮杀，在操场上拼搏，是否后悔过时，他说："人生的价值是无法用钱来衡量的。"

这是多么朴素的语言，这又是多么伟大的一个人呀！观众掌声雷动，我又禁不住为他的执着，为他的梦想，为他的自足而乐，更为他的价值，为他的精神所鼓舞。

当今社会，有些人因为金钱等迷失了方向，迷失了自己的眼睛，迷失了自己的良心，迷失了自己本性，迷失了自己做人最基本的最起码的尊严，迷失了一切。仔细想来，当生命即将终结，临闭上眼的那一瞬间，你是否还是这样地在意名、利、权这些外在的东西。金山、银山再多，临终时如果没有一个亲人在身旁，你是否觉得它们是值得的，是否认为它们还是那么重要，是否觉得你一生为它们不辞劳苦地奔波还有意义，也许只有当你临终才会明白这一切吧，生命最重要，活着最重要。

　　健康、快乐、知足常乐最重要。就像这位足球领队一样，虽然双眼失明了，但心却是明亮的，他用自己的行动证明了自己的价值。虽然有时人们信奉有钱能使鬼推磨，但有很多东西是钱买不到的，比如荣誉，我们应该向这位足球领队学习，学习他的那种为了荣誉而战、知足常乐的心态，可以舍弃掉原来每月挣五千多的按摩店，来到每月只有 300 元补贴的足球领域。真的，我被感动了。

　　想起了一句古话叫作"不怕眼盲，就怕心盲"，被金钱迷失了的人们，终归会失去自己的本性，迷失自己的方向。

　　人生的价值不是你享受了什么，而是你能为别人做点什么，当走到生命的终点时能给别人留下的是诸多的难舍与念想。

　　我们似乎已习惯生活在金钱标榜的社会里，为了金钱，有些人不惜做损害他人的事情，朋友亲人间反目成仇，妻离子散、家破人亡等一桩桩人间悲剧在生活中反复上演。为了追求金钱，有人甚至可以不顾一切。我们不禁在想，我们追求金钱的目的是什么？是想要得到更多的幸福和快乐，但是最终得到的却是苦。

　　生活本是快乐和美好的，本不需要附属任何条件来衡量，但是当金钱的观念渗透到生活中时，这一切都变了味。当一个人满脑子里都被金钱盘踞着时，是可怕的，此时他已经丧失了自我，远离了生活。生活中我们常会听到这样的话："快乐值几个钱，良心值几个钱，亲情友情又值几个钱"，这真的是很可悲，当我们把生活以及情感的一切都以金钱来衡量时，我们何来快乐，又何来幸福可言呢？

　　追求金钱本身没有错，这可以让我们和家人享受到更好的品质生活，但是如果背离了生活的本义，背离了道德情义，或是带有一定忍受和压抑的话，那么即便你拥有了大量的财富，相信你也一定不会感到真正的快乐，而是心怀遗憾或愧疚。

金钱买不来幸福，更不能决定快乐，它仅仅是我们生活中的一种工具而已，我们活着如果就是为了赚钱的话，就会被金钱牵着走。生活的美好和快乐只需要我们怀着一颗热爱和体察的心，我们要做的就是一个懂得生活的人，而不是盲目追逐财富和金钱的苦行僧。

你做好自己的事情，整个世界就快乐了

把握住你手上的每一件事，请记住是每一件事，即便是很卑微很渺小的，即便在别人看来你那么做是傻子，你也要一直坚持下去，因为一旦你做好每件事，你拥有的就是汪洋大海、参天大树。

成功不是来自瞬间，而是从点点滴滴中积累的力量；伟大不是偶然，需要无数次失败后依旧勇敢地站起来。不要总羡慕山的高大，而抱怨自己只是一粒石子，不要总憧憬海的宽阔，而忘记自己只是一汪清水。其实，真正取得成功的途径不是没有，而是被你渐渐遗忘，那就是把握住你手上的每一件事。

把握住你手上的每一件事，请记住是每一件事，即便是很卑微很渺小的，即便在别人看来你那么做是傻子，你也要一直坚持下去，因为一旦你做好每件事，你拥有的就是汪洋大海、参天大树。

做好手上的事情，就是珍惜每一次机会，不让它从身边随意流逝。

电视剧《士兵突击》里的许三多参军过程也是非常曲折的。父亲的嘲

讽、乡人的歧视，他都顶了下来，因为他不希望再被父亲叫作"龟儿子"，再被别人叫作"许傻子"，参军后，也正因为他专注于做好每一件事，他才被调到钢七连。做好手上的每一件事情，成就了许三多，也讲述了一段传奇的故事。许三多把握住了曾经放在他面前的每一次机会，最终成为一棵被人仰望的"参天大树"。是的，机会是属于有心人的，再好听的话也只能尽显一时的智慧，只有踏踏实实地干才可能成就最终的梦想。

做好手上的事情，就是从来不"这山望着那山高"，就是在别人浮躁时，自己仍能保持清醒的头脑。在当今社会，物质生活的诱惑越来越多，炒股能挣钱，于是有的人把积蓄全都投了进去，到后来负债累累。"超级女声"造就了李宇春，于是有的女孩就放弃学业，不停地参加各种选拔新秀的活动。这些都是愚蠢的行为，他们在追求一些不适合自己的东西的同时却"勇敢"地放弃了本来已握在自己手上的幸福，就像是邯郸学步。所以一时的意气用事换来的只能是一枚苦果，认真把握住自己手上的事，保持清醒的头脑，你终究会尝到甘甜。

做好手上的事情并不是一件易事，它需要用一生的时间去经营这项工程，它需要耐心、波折、冷静，需要你时时刻刻欲望的克制，这样很难亦很苦，但是一旦你坚持做下去，你拥有的便是一段不平凡的人生，你在平凡中创造了伟大，在坚持中改变了自己。

做好手上的事情，不经意的一瞬间你会发现那棵你种下的小树苗早已长成参天大树。小草生而不择肥瘠，长而步步为营，只要坚持走好每一步，就能染绿荒原；积雪融而溪流淙淙，流而不避劳苦，只要坚持走好每一程，就能奔流入海。同样，不管我们从事什么工作，只要俯下身子，坚持踏踏实实做好手上的每一件事，就能最终实现人生价值。

一个人来到这个世界就得做事，做事成为人生的主旋律。人们在做事中，可以为社会创造财富，也为自己收获快乐和生活条件。所以，一个人不管扮演什么角色，都有自己分内的事。就好比戏台上上演一幕大剧，每个演员都会牢记自己的角色，遵循严格的表演程式，并按要求唱念做打，方能把一场戏演好。要是哪个演员脱离了自己的角色，忘记了表演程式，做出不合格的动作，这戏根本就演不下去，更不要说把戏演得如何精彩。同理，在现实生活当中，每个人就是一幕大剧中的一名"演员"，该干吗得干吗，并把它干好，不仅这出"戏"能演下去，还能演得更加精彩。如此，每个人都能尽责尽力把自己分内的事做好，社会文明就会不断向前推进。

可是，有的人不谙此理，不妨试举几例为证。当下许多出现城市交通拥堵现象，原因固然多种多样，但如果所有驾车者都能严格遵守交通法规，各行其道，肯定不会像现在这般拥堵。问题是，一些人自己开车不遵守交通法规，临时变道、加塞、闯红灯……致使本就拥堵的交通更加拥堵，他们还在那里喋喋不休地骂街；一些监管部门平时不作为，等出了事，再在那里指手画脚，说这个没手续，那个无证照。再如我国著名的歌唱家李双江的儿子李天一，许多人说他"坑爹"。细想一下，李天一发展到今天这种地步，各中虽有他自身的因素，但其父也是难辞其咎。古话说"子不教，父之过"，"不教"当是"坑崽"。大量事实表明，现实生活中，那些角色错位、"演员"乱作为现象，不仅"戏"难以顺当上演，也给我们的社会带来无穷无尽的祸害。

十三亿中国人都在为实现"中国梦"而不懈努力，这是中华儿女肩负的伟大而光荣的重任。对于这等大事，若不加以细化，或许有的人会以为这样的大事与自己关系不大，因为自己太渺小，所处的岗位又不重要，所干的事琐碎平凡。于是乎，他们除了偶尔会说说"中国梦"这个名词，平时并不会想到自己该如何去为它添砖加瓦。其实，要实现中华民族的伟大复兴，需要全体中华儿女持之以恒的奋斗。

作为中华儿女，无论你身在何处，担当什么岗位，你的劳作——哪怕是最简单最平凡的劳作，都是在为实现"中国梦"作贡献。关键在于大家都爱岗敬业，都把自己分内的事做好，以此释放正能量。假如你是领导干部，就把全心全意为人民服务的宗旨落实好；假如你是工人，就把自己的工作做到位；假如你是农民，就精耕细作把地种好；假如你是教师，就把学生教好；假如你是门卫，就把门看好；假如你是父母，就把子女教育好……总之，任何人不能连自己的事都没做好，却一味地埋怨别人没把事做好。正确的做法是，依据自己的角色去履职尽责，通过自己的言行举止，让社会和谐，让中国美丽，让自己幸福，让"中国梦"早日实现。

幸福就在你的身边，你要适时给心灵放个假

生活中不缺少幸福，而是缺少能感受的心。幸福就在身边，幸福就在你的脚下，不必舍近求远，而是俯拾即得。你找到了吗？

人类的幸福最初来自感官的感受，后来有一部分上升为思维。归纳或演绎让回忆和憧憬也有可能变得幸福。幸福没有一个固定的尺度与衡量标准，不同的人对幸福的理解不同，感知不同，所体会到的幸福感也不一样。

幸福的对立面是苦难。没有经历过饥饿，就不会认为饱餐一顿是幸

福；当在太阳下暴晒时，有一丝阴凉或有一顶草帽就是最幸福的。幸福其实就是一种心境：不羡慕他人拥有的，只珍惜自己拥有的，正所谓"知足常乐"。

平淡是福。幸福是自己内心的感受，不需要别人认同。病床前的一束鲜花，口渴时递来的一瓶矿泉水，疲惫时朋友的一声问候，都能让你欣喜。我认为，这就是幸福。真正的幸福是来自内心的温暖，不是以财富、权力、荣誉和征服来衡量的。

平凡是福。生活中到处都是幸福的颗粒，我们需要的是一双寻找幸福的眼睛和快乐的心灵。有时，幸福也许就是一杯淡茶、一碗热汤，或者是一轮美丽的落日。也就是这些小小的幸福，让我们的生活充满乐趣，活得有滋有味，让我们对生命更珍惜，更眷恋。当然历史的经验也告诉我们，普通人容易感到幸福，而富人却不太容易做到，原因是富人在不知不觉中提高了幸福的标准。

平安是福。人生，总有大起大落，你也许家财万贯，也可能一贫如洗，但平安的我们，才是人生中最幸福的。作为平常人，不奢望大红大紫，不祈求大富大贵，只求心安、体安、理安。只有平安之路越走越宽、越走越敞亮，多彩的梦才会化作绚烂的现实，让我们心情舒畅的生活。

其实寻找幸福的方法很简单：你只要找个地方静静坐下，闭上眼睛，慢慢做放松的深呼吸，任凭大脑开始想象自己喜欢的地方。那里或者山清水秀，鸟语花香；或者月光如水，星辰灿烂。你仿佛置身在美丽的风景中，享受到一种无欲无望的安宁，这就是幸福。生活中不缺少幸福，而是缺少能感受的心。幸福就在身边，幸福就在你的脚下，不必舍近求远，而是俯拾即得。你找到了吗？

给心灵放个假，不因一时的失败而心灰意冷，用希望打开一条活路。

精神是生命的真正支柱，只要它不垮下，生命就不会变形。实际上，许多真正懂得成功的人，都是忙里偷闲的好手，都是心态健康平和的人。他们每天至少抽十几分钟空闲进行沉思或神游，放飞自己的心灵。人生的道路上充满了迷人的风景，只是有的人总是行色匆匆，无暇顾及。感情淡漠之时，给心灵放个假。时时用美丽友善的心感悟生命的真谛，人生的多彩，生活的幸福，以及友情的可贵，用柔软仁爱的心去善待身边的每一个生灵。恐惧胆怯之时，给心灵放个假。人生难免经历风雨，不能害怕压力，不能逃避责任，勇敢地迎上去，战胜它，自己就成了生活的主宰。给自己的心灵放假，不是简单的怠工，而是在给自己充电。生活中并不是我们承受了太多劳累，而是我们不善于用快乐之水去冲淡这苦味。给自己的心灵放假，是给自己的心一时的宁静，等到假期结束，你就会像上足了发条的机器快速地转动。

当你沉沦叹息甚至流泪时，其实快乐正在你身旁朝你微笑。这是生活的疲惫，也是灵魂的低潮。人生的幸福美满其实就是一种感觉，一种心情。给心灵洗个澡，留一份清澄在心间，一如人类亘古不变的希望。你终会发现，没有月亮的夜晚，还是会有星星伴你走过漫漫长夜。那深埋于心的往事，也许平时从没有想起翻开来晾晒，可就在把整个身心浸入清澄的瞬间，全都涌到了记忆的屏幕之上。苦闷茫然之时，给心灵放个假。不因奔波、跌倒、无助而抱怨，不因往事而悔恨，不为未来的事情而担忧，不畏惧生活，敞开心灵，勇敢地面对一切。疲惫不堪之时，给心灵放个假。生活中不是只有打拼，还要有享受，不要只忙于事业，忙于挣钱，忙得不顾命。累了就歇歇，做好自我调节，找到工作、事业和家庭的平衡点。

办法总比困难多，诸多人生难题总能圆满解答。生气发怒之时，给心灵放个假。尽力克制自己，用冷静浇灭心头火，试着找出建设性的方法解决问题，用宽容对待伤害。人生苦短，没有必要把自己的精力都消耗在小事上面。学会经常让心灵放假，做到内心平衡安宁，才能感受到生活的轻松快乐和人生的幸福美好。成功得意之时，给心灵放个假。头脑要清醒，不盲目乐观，不气盛用事，不好大喜功，不满足现状，心中存有忧患意识，能清醒地看到还有很长的路要走。不幸降临之时，给心灵放个假。生命需要锤炼才能饱满厚重，从容地迎接命运的挑战。给自己的心灵放假，紧张的工作之余，泡一杯热茶，把自己的躯壳堆放在沙发上，放松你的心情，听听轻音乐，让浪漫的曲调给你的心灵一次彻底的洗涤，让轻柔的节奏给你的灵魂一次全面的按摩。我们这个年龄，心飞得很高，也飞得很累，但从不肯停下来休息，因为我们知道，我们已不再年轻，没有太多的光阴留给我们挥霍。

请给累一个拥抱和微笑吧！在平淡的日子里寻找不平淡的感觉，从没意思的事情寻求出它的有意思，打破现状，超越寂寞、空虚和内在的贫乏，去体验生活的快乐和意义。给自己的心灵放假，在闲暇的时候，我们也不妨四处瞧瞧，也让我们对生活多一些情趣和热爱。在这温暖而和谐的社会中，让我们变得坦然一些，活得轻松一些，社会自然也就多了一分温馨，也就多了一分期待。去茫茫草原，跨一骑赤兔，扬鞭策马，踏一路扬尘，追朵朵白云。漫步无边原野，聆听蓝天下高亢的长调，远眺散落在茵茵绿草间洁白的羊群。在悠扬的马头琴声中，追忆大汗的伟业和远古的传说。人生一世，活的就是一种精神。要适时地给心灵放个假，过一种从容安逸的生活。